Cómo diseñar
un tipo

I A

DESIGN
MUSEUM

Cómo diseñar
un tipo

GG®

El fabricante de matrices de tipos, xilograbado alemán del siglo XVI publicado por Hartman Schopper.

Cómo diseñar un tipo

6 Introducción
10 Principios
32 Proceso

70 Caso práctico: Priori
Diseño: Jonathan Barnbrook

108 Índice alfabético
110 Glosario
111 Créditos de las imágenes

Introducción

Los caracteres tipográficos están por todas partes. Nos topamos con ellos a cada momento y allá donde miremos. Aparecen en los cuadros de mandos y en las tarjetas de felicitación, en las tostadoras y en los laterales de las camionetas. Figuran en las pantallas de los ordenadores, donde actúan como nuestra interfaz con el mundo virtual, y también en nuestras calles, donde nos indican dónde ir, qué hacer y cuándo hacerlo.

La tipografía, entendida como el diseño y la composición de letras impresas, está unida al lenguaje de manera inextricable. En el plano más básico, este hecho se debe a que las letras componen palabras y las palabras son a su vez vehículos de la comunicación. Pero si cambiamos la apariencia de una palabra, alterando el tamaño, el grosor, el espaciado y el estilo de las letras que la componen, entran en juego nuevos matices de significado.

Las MAYÚSCULAS reclaman atención. La **negrita**, todavía más. La *cursiva* aporta énfasis. El texto impreso compuesto a tamaño muy pequeño escapa a nuestro radar. Los tipos y sus familias —con remate, de palo seco, egipcias, góticas, humanísticas, caligráficas— incorporan al texto otros niveles de asociación y constituyen el elemento más potente de todos.

Página siguiente: Sebastian Lester (1972-) es un diseñador de tipos e ilustrador tipográfico londinense cuyos tipos han sido empleados por Intel, Dell, el *New York Times*, *The Sunday Times* y muchas otras empresas y publicaciones de todo el mundo. *September*, una de sus láminas de edición limitada, está creada con cientos de dibujos de sus cuadernos de notas.

Doble página siguiente: Nuestro universo visual está saturado de textos. El diseño tipográfico es el medio por el que distintos mensajes compiten por captar nuestra atención.

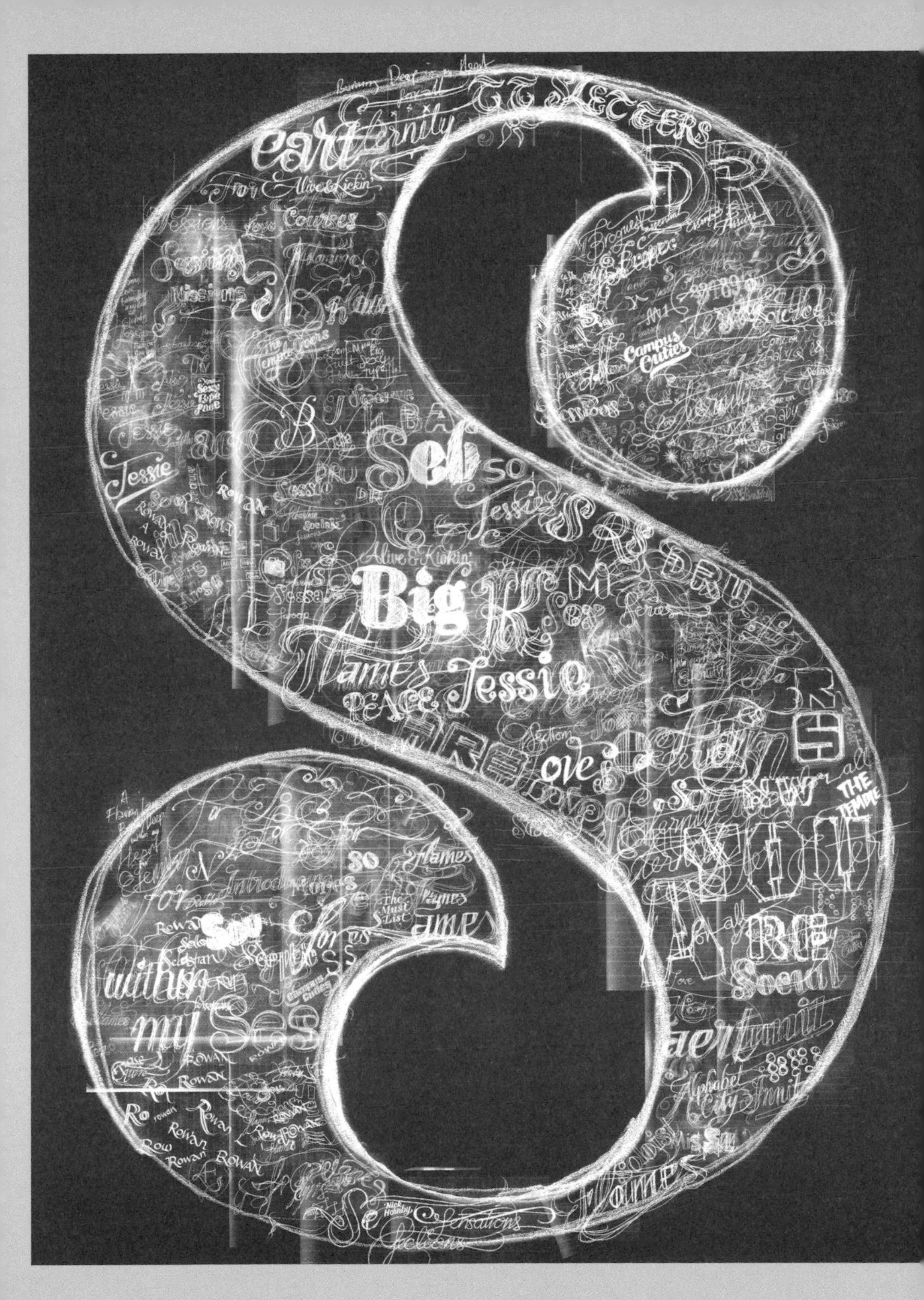
Alive&Kickin
Courses
Missions
The Temple Goers
Sexy Type Face
Campus Cuties
Jessie
Seb
Rowan
Socials
Alive&Kickin'
Big
Names
Jessie
PEACE
DRU
Love
THE TEMPLE
Social
so
Names
The Must List
within
my
Alphabet City
Nick Hornby
Sensations

APOLLO
AMATEUR NIGHT WE
HOST TALENT
MARTIN LUTHER KIN
TRIBUTE APRIL 1
NAT KING COLE
WALK
HOTEL
THERESA
Software Etc.
VICTORIA 5
NAILS

FEED

sale

CEDAR HOUSE
NEW MANDARIN OPTICAL
PRESCRIPTION SERVICE
HAIKING RUG CO.
RUGS
1st FL.
英式桌球康樂
TOM'S TAILOR
LADIES' & GENT'S TAILORS
2 HANOI ROAD, 1st FLOOR
JAPN AIR LINES
MAN SHUN CO.
文信行
Salon
客香村飯店
The Home Restaurant Ltd.
EDDIE SIU
四海旅行社
PAN AM
汎美航空公司
FURNITURE CO.
幸福婚姻服務
有限公司
寶發茶餐廳
扒餐
DA 7786

Principios

Cuando Matthew Carter (1937-) diseñó la Centennial para la Bell Telephone Company en 1974, lo hizo con la intención específica de resolver un problema de legibilidad en un texto impreso muy denso. Su éxito puede acreditarse por el hecho de que el tipo sigue en uso. En otro extremo está el cartel creado por Stefan Sagmeister (1962-), para un congreso de la delegación de Detroit de la AIGA (American Institute for Graphic Arts) en 1999. El cartel es una fotografía del diseñador en cuya piel están las palabras inscritas con una cuchilla. Ambos constituyen usos completamente distintos de la tipografía. Entre ellos se extiende un vasto espectro de formas de comunicación.

6-POINT BELL GOTHIC

Vaught Donald L 542 39th St Short Wylam ——780-8608
Vaught Ernest
65 Merrimont Rd Hueytown ——————491-6244
Vaught J C 625 Barclay Ln ——————836-2436
Vaught Joe Jr Stertt ——————672-2919
Vaught Ralph L 700 77th Wy S ——————836-8452
Vaught Susan A 2109 46th Pl Central Pk ———787-4227
Vaultz Eva 1543 Dennison Av SW ——————925-1752
Vause S F 603 Huckleberry Ln——————979-5289
Vause Stephen F 445 Shades Crest Rd——————823-2662
Vautier Harold G 204 Killough Sprngs Rd ———853-5626
Vautrot Ruby L Mrs 2021 10th Av S ——————933-2265
Vazquez Norberto
Old Jasper Hwy Adamsvie ——————674-3370
Veach J L 5725 Belmont Dr ——————956-3990
Veach Loren Aldrich——————665-1831
Veal Ad 450 21st Av S ——————251-9049
Veal Ad rl est 1711 Pinson——————841-7380
Veal B Evan atty 1711 Pinson ——————841-2789
Veal Clarence E Garndle——————631-3856
VEAL CONVENTION SERVICES—
1711 Pinson ——————841-2789
2109 10th Av N ——————322-6102
Veazey W B Vincent ——————672-9506
Veazey Wilbur E 1541 53rd St Ensley——————923-1960
Veazey William A 287—A Chastaine Cir——————942-4137
Veazey Willie J 3084 Whispering Pines Cir ——823-5795
Vebber Mark H 5216 Goldmar Dr ——————956-1661
Vebco contr 1900 28th Av S Homewood——————879-2259
Vedel Dental Technicians Inc lab
1116 5th Av N ——————322-5475
Vedel George C 3848 Cromwell Dr ——————967-2832
Vedel George C Jr 744 Saulter Ln ——————871-8234
Resf34744 Saulter Ln——————870-9758
Vedel Murrey B 612 Oakmoor Dr ——————942-3619
Vedell Collen J Daisy City ——————674-7772
Vedell William L 8830 Valley Hill Dr ——————833-9915
Veenschoten & Co mfrs agts 2930 7th Av S ——251-3567
Veenschoten L A 1919—D Tree Top Ln ——————822-7109
Veenschoten W E 3240 Pine Ridge Rd ——————871-8883
Vega Abraham 915 16th S——————933-7619
Vega Delores 2—B Watertown Cir——————836-5980
Vega Edwin 2116 Rockland Dr Bluff Park ——823-0403
Vegetable Patch Number 1 The
Highway 31 S Alabstr ——————663-7618
Vegetable Patch Office Alabstr ——————663-7378
Vegetable Patch The Number 2 Dogwood ———665-4179
Veigl Patrick B Pawnee ——————841-1238
Veitch Beulah 1172 Five Mile Rd ——————853-3361
Vest W L 4708 Lewisbrg Rd ——————841-7402
Vest W T 4737 N 68th ——————836-6371
Vesta Villa Exxon Self Serve
1500 Hwy 31 S——————823-5008
VESTAVIA AMOCO SERVICE
1456 Montgomery Hwy —————— **823-1213**
VESTAVIA BARBEQUE & LOUNGE
610 Montgomery Hwy Vestavia —————— **822-9984**
Vestavia Barber Shop
610—A Montgomery Hwy ——————823-1974
VESTAVIA BEAUTY SALON
710 Montgomery Hwy ——————823-1893
Vestavia Beverage Co
623 Montgomery Hwy ——————822-9847
VESTAVIA BOWL
Montgomery Hwy S Vestavia ——————979-4420
Vestavia Church Of Christ
2325 Columbiana Rd ——————822-0018
VESTAVIA CHURCH OF GOD
2575 Columbiana Rd —————— **823-1895**
Vestavia Church Of God Day Care day
nursry 2575 Columbiana Rd ——————823-1895

VESTAVIA CITY OF---See Vestavia
Hills City Of

BELL CENTENNIAL-1

Vaught Donald L 542 39th St Short Wylam ——— 780-860S
Vaught Ernest 65 Merrimont Rd Hueytown ——— 491-6244
Vaught J C 625 Barclay Ln —————— 836-2436
Vaught Joe Jr Stertt —————— 672-2919
Vaught Ralph L 700 77th Wy S —————— 836-8452
Vaught Susan A 2109 46th Pl Central Pk ———— 787-4227
Vaultz Eva 1543 Dennison Av SW —————— 925-1752
Vause S F 603 Huckleberry Ln —————— 979-5289
Vause Stephen F 445 Shades Crest Rd ———— 823-2662
Vautier Harold G 204 Killough Sprngs Rd ——— 853-5626
Vautrot Ruby L Mrs 2021 10th Av S —————— 933-2265
Vazquez Norberto Old Jasper Hwy Adamsvie — 674-3370
Veach J L 5725 Belmont Dr —————— 956-3990
Veach Loren Aldrich —————— 665-1831
Veal Ad 450 21st Av S —————— 251-9049
Veal Ad rl est 1711 Pinson —————— 841-7380
Veal B Evan atty 1711 Pinson —————— 841-2789
Veal Clarence E Garndle —————— 631-3856
VEAL CONVENTION SERVICES—
1711 Pinson —————— 841-2789
2109 10th Av N —————— 322-6102
Veazey W B Vincent —————— 672-9506
Veazey Wilbur E 1541 53rd St Ensley —————— 923-1960
Veazey William A 287—A Chastaine Cir ———— 942-4137
Veazey Willie J 3084 Whispering Pines Cir ——— 823-5795
Vebber Mark H 5216 Goldmar Dr —————— 956-1661
Vebco contr 1900 28th Av S Homewood —————— 879-2259
Vedel Dental Technicians Inc lab
1116 5th Av N —————— 322-5475
Vedel George C 3848 Cromwell Dr —————— 967-2832
Vedel George C Jr 744 Saulter Ln —————— 871-8234
Resf34744 Saulter Ln —————— 870-9758
Vedel Murrey B 612 Oakmoor Dr —————— 942-3619
Vedell Collen J Daisy City —————— 674-7772
Vedell William L 8830 Valley Hill Dr —————— 833-9915
Veenschoten & Co mfrs agts 2930 7th Av S —— 251-3567
Veenschoten L A 1919—D Tree Top Ln —————— 822-7109
Veenschoten W E 3240 Pine Ridge Rd —————— 871-8883
Vega Abraham 915 16th S —————— 933-7619
Vega Delores 2—B Watertown Cir —————— 836-5980
Vega Edwin 2116 Rockland Dr Bluff Park ———— 823-0403
Vegetable Patch Number 1 The
Highway 31 S Alabstr —————— 663-7618
Vegetable Patch Office Alabstr —————— 663-7378
Vegetable Patch The Number 2 Dogwood —— 665-4179
Veigl Patrick B Pawnee —————— 841-1238
Veitch Beulah 1172 Five Mile Rd —————— 853-3361
Vest W L 4708 Lewisbrg Rd —————— 841-7402
Vest W T 4737 N 68th —————— 836-6371
Vesta Villa Exxon Self Serve 1500 Hwy 31 S — 823-5008
VESTAVIA AMOCO SERVICE
1456 Montgomery Hwy —————— **823-1213**
VESTAVIA BARBEQUE & LOUNGE
610 Montgomery Hwy Vestavia —————— **822-9984**
Vestavia Barber Shop
610—A Montgomery Hwy —————— 823-1974
VESTAVIA BEAUTY SALON
710 Montgomery Hwy —————— 823-1893
Vestavia Beverage Co 623 Montgomery Hwy — 822-9847
VESTAVIA BOWL
Montgomery Hwy S Vestavia —————— 979-4420
Vestavia Church Of Christ
2325 Columbiana Rd —————— 822-0018
VESTAVIA CHURCH OF GOD
2575 Columbiana Rd —————— **823-1895**
Vestavia Church Of God Day Care day
nursry 2575 Columbiana Rd —————— 823-1895

VESTAVIA CITY OF---See Vestavia
Hills City Of

VESTAVIA COIFFEURS
617 Montgomery Hwy Vestva —————— **823-1104**
Vestavia Country Club—
Shades Mountain —————— 823-2451

Izquierda: El tipo Bell Centennial, de Matthew Carter, se diseñó para sustituir al Bell Gothic, el que empleaban anteriormente los listines de la Bell Telephone Company. Ambos pueden compararse en las dos columnas de muestra.
El nuevo resulta más legible y permite componer más líneas por columna. Al condensar el tipo utilizado para las direcciones, Carter logró reducir el número de entradas que ocupan dos líneas de texto. Esta medida de ahorro de espacio, multiplicada por el total de columnas que tiene de media un listín telefónico, supone una reducción muy considerable en el consumo de papel.

Página siguiente: Los listines telefónicos se imprimen a gran velocidad sobre un papel de mala calidad, por lo que la tinta tiende a emborronarse, algo que puede afectar seriamente a la legibilidad del texto. Para compensar este hecho, Carter introdujo unas muescas o “trampas de tinta” en los vértices de los caracteres.

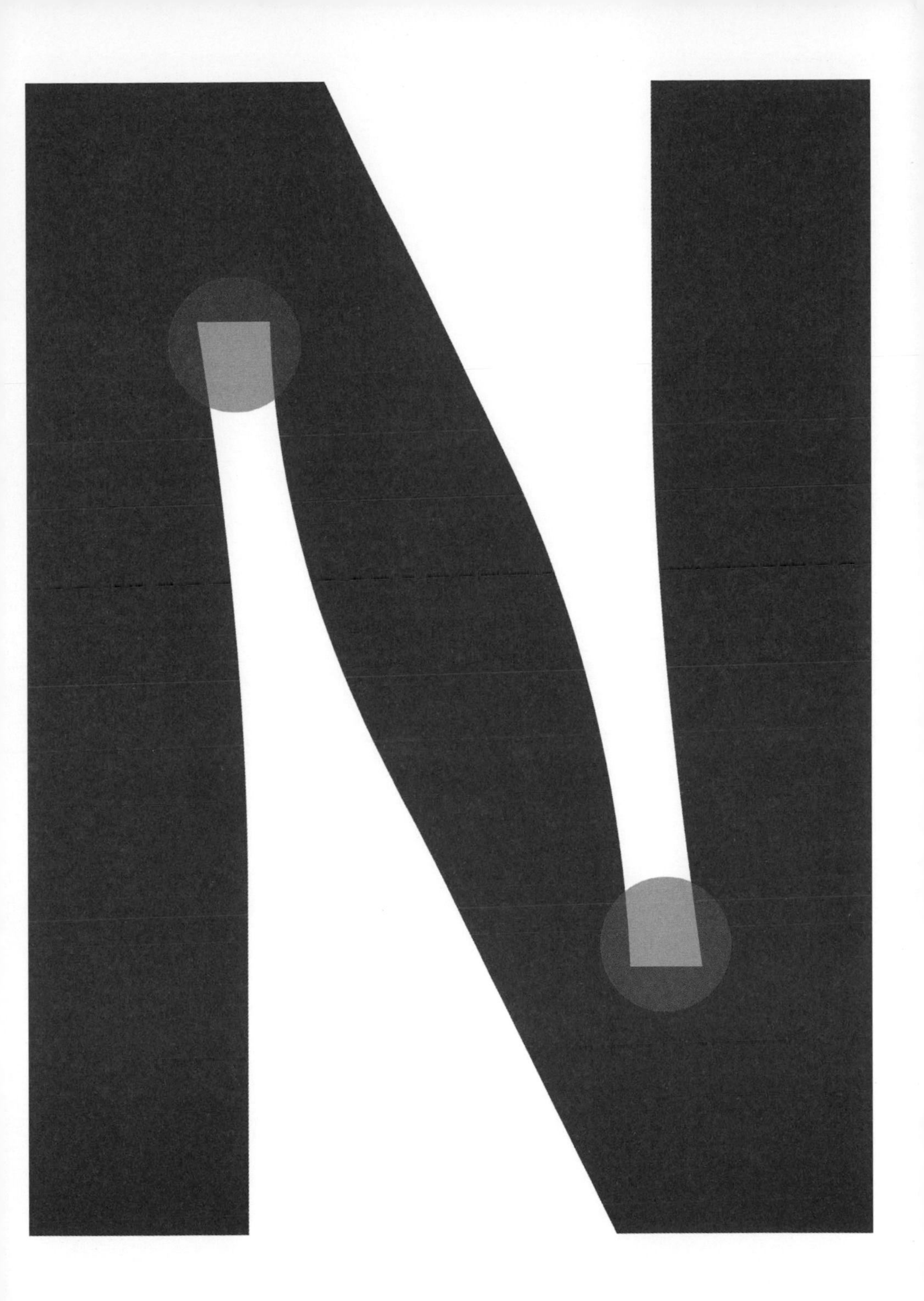

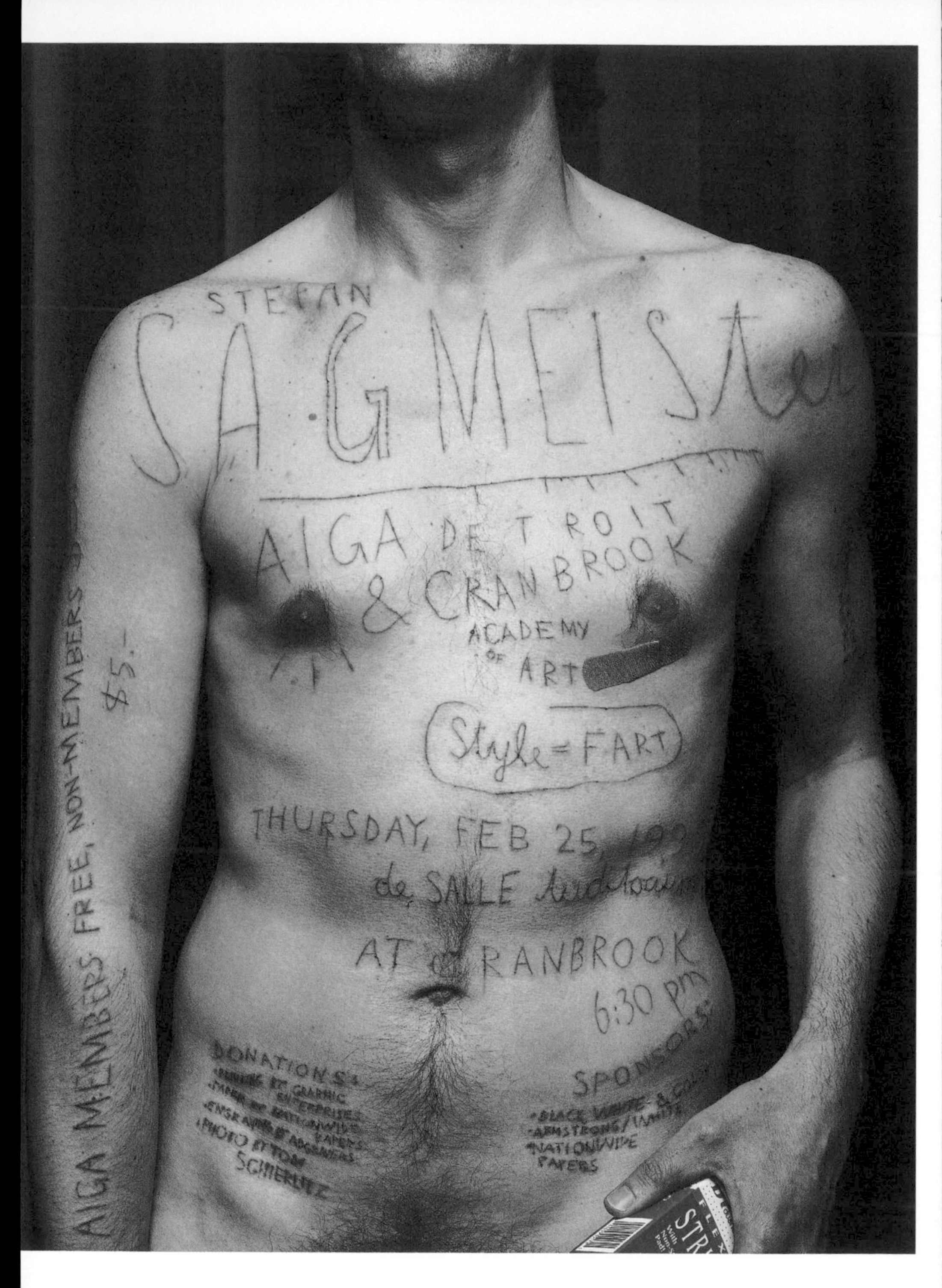
STEFAN
SAGMEISTER
AIGA DETROIT
& CRANBROOK
ACADEMY
OF
ART
Style = FART
THURSDAY, FEB 25,
de SALLE
AT CRANBROOK
6:30 pm
DONATIONS:
SPONSORS:
AIGA MEMBERS FREE, NON-MEMBERS $5.-

Página anterior: Cartel para la AIGA de Detroit (1999). Dirección de arte de Stefan Sagmeister y fotografía de Tom Achierlitz. Según Sagmeister, la imagen expresa el padecimiento que acompaña la gestación de la mayor parte de sus trabajos de diseño. El texto lo grabó en la piel de Sagmeister su ayudante en prácticas, Martin.

Derecha: Cartel promocional del lanzamiento del álbum *Set the Twilight Reeling* (1996), de Lou Reed. Diseño y dirección de arte de Stefan Sagmeister y fotografía de Timothy Greenfield Sanders. Escribir la letra de la canción directamente sobre el rostro de Lou Reed fue una manera de transmitir el carácter extremadamente personal del texto.

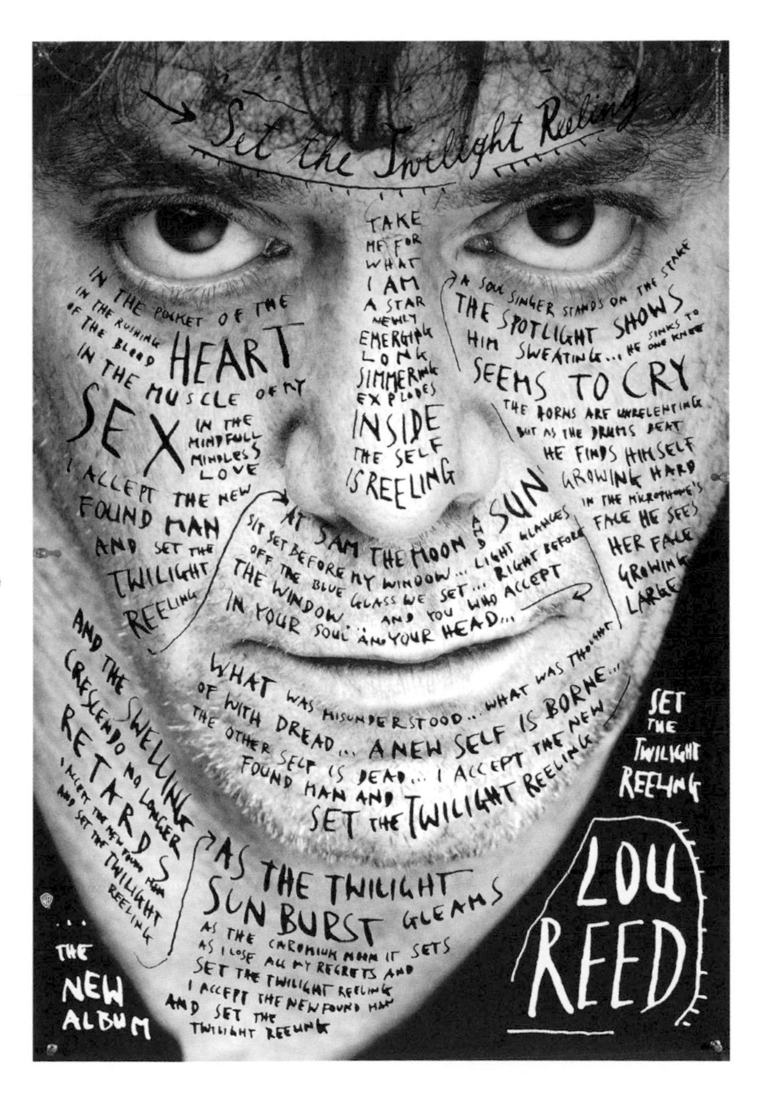

THE  TIMES

No. 46,254 LONDON MONDAY OCTOBER 3 1932 PRICE (Including Postage) 4d

The CHARGE for ANNOUNCEMENTS of BIRTHS, MARRIAGES, and DEATHS (authenticated by name and permanent address of the sender) is ONE GUINEA for three lines or less and FIVE SHILLINGS for each additional line of about six words. The charge for IN MEMORIAM NOTICES is TWELVE SHILLINGS and SIXPENCE for three lines or less and THREE SHILLINGS and SIXPENCE for every additional line. A special rate for five and ten years' automatic insertion may be obtained on application. In order to avoid incorrect quotations in "Death" and "In Memoriam" announcements senders are asked to indicate their origin. In the case of modern verse the author's permission should first be obtained. Announcements may be sent to The Times Office, Printing House Square, London, E.C.4, to The Times Bureau, 72, Regent Street, London, W.1, to The Times Book Club, 42, Wigmore Street, London, W.1, or to the Bureau du Times, 8, Rue Halévy (Opéra), Paris, 9e.

Forthcoming Marriages in Court Page, Three Guineas for five lines or less and Twelve Shillings and Sixpence for each additional line.

Subscription rates for The Times for one year—£4 11s. Inland, £5 4s. Foreign.

Cheques, Postal and Money Orders should be made payable to "The Times" and crossed "Barclays Bank Limited." Bank Notes should be sent always by registered post. All advertisements should be addressed to the Advertisement Department, Printing House Square, London, E.C.4. Telephone, Central 2000.

BIRTHS

MARRIAGES

SILVER WEDDING

DEATHS

DEATHS (continued)

IN MEMORIAM

ON ACTIVE SERVICE

PERSONAL

PERSONAL

PERSONAL

KENNEL FARM AND AVIARY

3 lines 4s. 6d. (minimum)

DOGS

CATS

FARM

MOTOR-CAR HIRE SERVICE

3 lines 9s. (minimum)

GARDENING, &c.

3 lines 7s. 6d. (minimum)

HOSPITAL NURSES

4 lines 10s. (minimum)

BUSINESS OFFERS

3 lines 15s. (minimum)

BUSINESSES FOR SALE

3 lines 7s. 6d. (minimum)

WANTED

CLOTHES VALETING

4 lines 12s. (minimum)

CLUB ANNOUNCEMENTS

3 lines 6s. (minimum)

CHEPSTOW RACE CLUB.

WELSH ST. LEGER MEETING.

HELLENIC TRAVELLERS CLUB.

SOCIETIES

3 lines 9s. (minimum)

INVESTMENTS AND LOANS

3 lines 15s. (minimum)

DIRECTORS AND PARTNERS

3 lines 15s. (minimum)

ROAD TRANSPORT

3 lines 9s. (minimum)

CLASSIFIED ADVERTISEMENTS INDEX

Página anterior: Stanley Morison diseñó la Times New Roman en 1931-1932 para el periódico *The Times*. La legibilidad es un aspecto al que hay que prestar especial atención cuando se compone texto en tamaños pequeños y se dispone en columnas. Hasta mediada la década de 1960, la primera plana del periódico estaba dedicada a anuncios personales y pequeñas inserciones publicitarias.

Legibilidad

Durante las primeras décadas del siglo xx, se realizaron estudios sobre la actividad de los trabajadores para determinar la organización óptima de las cadenas de producción de las fábricas. Así, acabaron obteniéndose determinados fundamentos ergonómicos que después se aplicaron, en ocasiones, al diseño de mobiliario de cocina o de sillas de oficina. De igual modo, los investigadores han tratado de comprender qué formas facilitan y agilizan la lectura de los caracteres. Dicho con otras palabras, qué hace legible a un texto.

La legibilidad es esencial. Si conduces por una autopista a 120 km/h, tienes que ser capaz de leer las señales que te indican que te estás acercando a tu salida. Si lees un informe, un periódico o una novela, o si trabajas con un monitor, no querrás tener que esforzarte demasiado para decodificar la información que estás tratando de asimilar. Stanley Morison (1889-1967) diseñó la Times New Roman para el periódico *The Times* en 1931-1932. El encargo consistía en crear un tipo que fuese fácil de leer al componer textos en tamaños pequeños y en columnas.

El estilo del tipo, el tamaño en el que se compone, su espaciado y su espesor contribuyen a la legibilidad de un texto. Y lo mismo ocurre con el tamaño *aparente* del tipo, que suele venir determinado por su "altura de la x": la longitud vertical que presenta una letra *x* minúscula. En principio, un texto compuesto en caja baja es más legible que el compuesto en caja alta. De igual modo, se considera que un texto es más legible compuesto en redonda que en cursiva. Otro factor que interviene es el contraste. El negro sobre fondo blanco se lee mejor que el llamado "texto negativo" (blanco sobre fondo de color). Una mala composición también puede mermar la legibilidad de un tipo bien diseñado.

Con todo, ¿puede analizarse científicamente la legibilidad? Las personas que padecen una discapacidad visual sostienen que los tipos de palo seco les resultan más nítidos y menos ambiguos. Por contra, la afirmación que se oye más habitualmente es que los tipos con remate se leen mejor porque los pequeños trazos terminales ayudan a conducir la mirada de una letra a la siguiente con mayor comodidad. Y luego están quienes señalan que si un tipo no resulta atractivo para el público al que está dirigido, fracasa a las primeras de cambio. Todo ello parece indicar que, según las circunstancias, la legibilidad depende del cristal con que se lea.

STOP
ONE WAY
BROADWAY AV.
BILL BALLY
BLACKSMITHING & WELDING
REPAIRING

Jct 190 Death Valley 26
Nevada State Line 33
Lathrop Wells 49
NORTH
CALIFORNIA
127

Página anterior, arriba: Los tipos empleados en la señalización viaria deben ser claramente legibles desde cierta distancia y a cierta velocidad.

Página anterior, abajo: La Administración Federal de Carreteras de Estados Unidos (FHWA, por sus siglas en inglés) desarrolló en 1949 la serie FHWA para la señalización vertical. Compuesta por tipos de palo seco y conocida como "Highway Gothic", esta serie fue diseñada pensando expresamente en su legibilidad. La Interstate (1993-1994), de Tobias Frere-Jones, es una letra actual basada en la Highway Gothic.

El contexto también es, sin duda, determinante. Un tipo de letra usado en una carátula de CD que refleje un estilo musical y que conecte con los *fans* de un grupo o intérprete concretos cumple una función muy diferente a la del tipo empleado en una señal de carretera o en un libro de cocina. Quienes leen textos en pantalla son notablemente menos pacientes que quienes leen en papel impreso. En este contexto, los estudios realizados revelan que la legibilidad está menos relacionada con la nitidez de las fuentes de pantalla y más con las expectativas del lector. Leer en un monitor, donde los lectores van saltando de un enlace a otro, se parece más a buscar algo que a pasar una página. En pantalla, la legibilidad puede entenderse como una función que indica en qué grado contribuyen el texto y la maquetación a ese tipo de actividad.

El hábito también influye en que algo nos parezca legible o no. Aunque los tipos que nos resultan familiares nos resultan también más fáciles de leer, esa misma familiaridad puede generar desdén. Cuando la legibilidad se hace monotonía, una fuente tipográfica puede decirnos: "No me leas".

Derecha: En 1968, Aeroports de París encargó al diseñador de tipos suizo Adrian Frutiger (1928-) la creación de toda una nueva señalización para el aeropuerto internacional Charles de Gaulle. El resultado fue la Frutiger, terminada en 1975 y utilizada aún hoy profusamente en todo el mundo. En Gran Bretaña, por ejemplo, Frutiger es la fuente que utiliza el National Health Service (Servicio Nacional de Salud).

YOUNG KNIVES TRY EVERYTHING ONCE EXCEPT FOLK DANCING AND INCEST

ABCDEFGHIJKLMNOPQRSTUVWXYZ

ABCDEFGHIJKLMNOPQRSTUVWXYZ

El dúo de diseñadores gráficos Tappin Gofton creó un tipo a medida para el álbum *Voices of Animals and Men* de los británicos The Young Knives (que fue candidato a los premios Mercury). Le dieron también el nombre de Young Knives. La identidad tipográfica y la estética de inspiración *folk* del diseño reflejaban la procedencia rural de la banda, originaria de la pequeña localidad inglesa de Ashby-de-la-Zouch. La portada y el cuadernillo del disco documentan el festival Whittlesea Straw Bear, una celebración pagana en la que un personaje cubierto de paja encabeza un multitudinario desfile por las calles de una pequeña población de Cambridgeshire. Las imágenes fueron tomadas in situ por Nigel Shafran.

PART TIMER 01
THE DECISION 02
WEEKENDS AND BLEAK DAYS (HOT SUMMER) 03
IN THE PINK 04
MYSTIC ENERGY 05
HERE COMES THE RUMOUR MILL 06
TAILORS 07
HALF TIMER 08
SHE'S ATTRACTED TO 09
DIALING DARLING 10
ANOTHER HOLLOW LINE 11
COASTGUARD 12
LOUGHBOROUGH SUICIDE 13
TREMBLINGS OF TRAILS 14

TRANS036CD/2564634512.

www.theyoungknives.com
www.transgressiverecords.co.uk

Tono de voz

Los tipos se expresan con distintos tonos de voz. He aquí una muestra de cómo la tipografía puede manipular nuestra respuesta a la palabra "asesinato":

Asesinato
Courier, un tipo monoespaciado inspirado en la mecanografía: indica que nos encontramos en el ámbito de los procedimientos policiales.

Asesinato
Agincourt, un tipo inglés grueso de estilo antiguo: rezuma terror gótico y sensacionalismo victoriano.

Asesinato
La misma palabra compuesta en Zapfino sugiere duelos de capa y espada al amanecer o la administración de un sofisticado veneno.

Asesinato
Compuesto en Arial, clon de la Helvetica, el acto de matar a alguien podría ser una entrada en un índice alfabético.

Helvetica Helvetica Helvetica Helvetica
Helvetica Helvetica Helvetica Helvetica
Helvetica Helvetica Helvetica Helvetica
Helvetica Helvetica Helvetica
Helvetica Helvetica Helvetica
Helvetica
Helvetica
Helvetica
Helvetica
Helvetica
Helvetica
Helvetica Helvetica
Helvetica Helvetica
Helvetica Helvetica
Helvetica Helvetica

30
HELVETIA
RAYON II
10
Rp.
NATIONALE BRIEFMARKENAUSSTELLUNG
NABA BASEL 1971

American

NEW YORK CITY
161 Street-
Yankee Stadium
Station
B
D
4

Derecha y página anterior, arriba: Adorada y aborrecida por igual, la Helvetica es una familia tipográfica de palo seco con una generosa altura de la x. Fue diseñada en 1957 y es hoy, probablemente, el tipo más utilizado. Aparece en aplicaciones tan dispares como los sellos postales suizos, identidades de líneas aéreas y señales de tráfico.

Página anterior, abajo: La Helvetica es la fuente oficial de la Metropolitan Transportation Authority (Autoridad Metropolitana de Transporte de Nueva York) desde 1989. En la década de 1960 se llevaron a cabo algunos intentos previos de estandarizar la señalización del metro con otra fuente de palo seco, la Standard Medium.

Cada tipo posee un tono de voz particular capaz de realzar el significado del texto, de subvertirlo o de ignorarlo totalmente. Constituye un lenguaje en sí mismo. Lo que dice —si es que dice algo— depende de quien lo esté escuchando o interpretando.

Nada lo ilustra mejor que el largometraje *Helvetica* (2007), de Gary Hustwit, un documental dedicado exclusivamente a esta familia tipográfica. La Helvetica, que originalmente se llamó Neue Haas Grotesk, fue diseñada en 1957 por Max Miedinger (1910-1980) y Eduard Hoffmann (1892-1980) para la fundición de tipos suiza Haas. Más de medio sigo después, es probablemente el tipo de letra más conocido del mundo. Su ubicuidad es manifiesta. La Helvetica, una familia de palo seco con una generosa altura de la x, aparece en etiquetas de ropa, rótulos de comercios, formularios de impuestos, carteles, señales de tráfico, vallas publicitarias, monitores de ordenador... De hecho, se encuentra allí donde haya palabras. Desde la década de 1960, muchas marcas internacionales la han adoptado para sus mensajes comerciales. En la actualidad, empresas como Orange, Gap, Lufthansa o el Royal Bank of Scotland enarbolan con orgullo el estandarte de la Helvetica.

Una letra que durante más de medio siglo se ha utilizado tan profusamente y en tantos contextos distintos debería, con toda seguridad, inspirar una respuesta homogénea. Pero lo cierto es que sucede más bien al contrario. Para algunos de los tipógrafos y diseñadores gráficos que aparecen en el documental de Hustwit, la Helvetica es el clásico moderno de las fuentes tipográficas: hermosa, intemporal y racional, tan práctica y fiable como un reloj suizo... puro aire alpino. Para otros, huele a poder corporativo y control del Estado. O, cuando menos, es un tipo sin rostro, completamente vacío de significado debido a que ha saturado nuestro universo visual. Si una letra es capaz de levantar semejantes pasiones, resulta evidente que en la tipografía hay mucho más de lo que parece a simple vista.

La llegada del ordenador personal, con su menú de opciones de formateo que permiten al usuario alterar la apariencia del texto con un solo clic del ratón, ha propiciado que las fuentes tipográficas se conviertan en una especie de armario ropero de las palabras. Del mismo modo que uno puede buscar en su armario un traje para una reunión de trabajo, podemos recurrir a nuestra caja de herramientas virtual y formatear un correo electrónico en Times New Roman para recalcar que nuestro mensaje —y, por extensión, nosotros mismos— debe tomarse en serio, por ejemplo. La reciente e insólita proliferación de Comic Sans, un tipo que recuerda a la rotulación de los tebeos, puede considerarse otro ejemplo de estos usos. Comic Sans se creó en 1995 como un tipo legible y adecuado para globos o bocadillos de aplicaciones de *software* dirigidas al público infantil. Las mismas cualidades que lo hacen parecer un tipo coloquial y sensiblero hicieron que el uso de Comic Sans se generalizase en el *software* de mensajería instantánea. A partir de ahí, se propagó rápidamente a un variado abanico de aplicaciones visuales, como rótulos de comercios, anuncios de carácter informal ("¡Hoy cerrado, lo sentimos!") o folletos de salud. Ante tal invasión, no sorprende la vehemencia de los detractores de la Comic Sans, perfectamente comparable a la del *lobby* ABH (*Anything But Helvetica*, "cualquier cosa menos la Helvetica"), aunque es bastante improbable que ambos grupos compartan adeptos.

El carácter expresivo de la tipografía hace de ella el mecanismo ideal para transmitir una personalidad o imagen coherentes a través de diversas aplicaciones, desde el *packaging* a la publicidad. ¿Confiaríamos en un banco que usase Comic Sans en la documentación que nos envía? ¿Qué tipo de prendas podríamos esperar de la marca Gap si emplease un tipo gótico medieval en su *branding*?

Página siguiente: Comic Sans fue diseñada por Vincent Connare (1960-) y comercializada por Microsoft en 1995. Concebida inicialmente para utilizarse en los globos o bocadillos de aplicaciones informáticas infantiles, su uso se ha generalizado a muchas otras aplicaciones. Sus detractores argumentan que la Comic Sans se usa muchas veces de forma inadecuada, en situaciones donde su apariencia infantil y liviana perjudica al mensaje o al tono del texto.

Doble pagina siguiente: *Arse* (culo), una creación del diseñador de tipos e ilustrador tipográfico británico Sebastian Lester que juega con la irreverencia al componer una de sus "palabras favoritas" en un "Alfabeto del Amor" del siglo XIX.

En una publicación, el uso de un tipo determinado puede denotar autoridad en la materia, del mismo modo que un estilo particular de sobrecubierta en un *best-seller* nos indica que dentro podemos esperar aquello a lo que su autor nos tiene acostumbrados.

A partir de la simple observación de las emociones que suscita el texto impreso, resulta obvio que intervienen muchos más factores que la mera aplicación de un estilo superficial o de unas convenciones de legibilidad. El texto expresa la relación dinámica entre contenido y forma, entre lenguaje y signo. Codifica ideas. Las cuestiones que deben interesarnos competen al origen de estas ideas y a lo qué revelan sobre la cultura.

Comic Sans

ABCDEFGHIJKLM
NOPQRSTUVWXYZ
abcdefghijklmnopqr
stuvwxyz12345678
90,.:'"/?><|}{~!@£$%
^&*()±+=

Composición

La relación entre el texto y la superficie sobre la que este se dispone tiene que ver con elementos que operan tanto en una escala pequeña, el espacio que ocupan las letras y el que hay entre estas, como en la más grande, en el contexto de la página.

Para un diseñador como Massimo Vignelli (1931-), bien arraigado en la doctrina del movimiento moderno, "la tipografía consiste en realidad en los blancos. Es el espacio que queda entre los negros". En la década de 1990, los diseñadores posmodernos adoptaron un enfoque totalmente distinto de la cuestión figura / fondo, superponiendo capas y capas de texto y haciendo uso de los espacios negativos.

En la escala más pequeña, los tipógrafos trabajan la relación entre unas letras y otras, con el objetivo de garantizar una lectura cómoda, un espaciado homogéneo y una apariencia coherente de la página. No obstante, las letras no presentan idéntica anchura, lo que significa que cuando se combinan ciertos pares de letras, los espacios entre estas pueden resultar demasiado amplios o demasiado estrechos, lo que resultará chocante y llamativo. El *kerning* es el proceso de ajuste del espaciado entre los distintos pares de letras para crear una apariencia de uniformidad en el texto. En los tiempos de los tipos de metal, se crearon ligaduras que combinaban dos letras en un solo carácter en aquellos casos en los que determinados pares de letras (como fi o fl) podían generar un espacio intermedio antiestético y molesto.

Abajo: Distintos ejemplos de ligaduras, o caracteres ligados. En la época de los tipos de metal, se usaban ligaduras cuando determinados pares de letras podían generar unos espacios intermedios molestos y antiestéticos.

Página siguiente: A principios de la década de 1960, el diseñador polaco Romek Marber (1925-) ideó una retícula para las cubiertas de la colección Penguin Crime. Resultó funcionar tan bien que se aplicó después al resto de las colecciones de la editorial Penguin. La cubierta de la novela de 1937 *Busman's Honeymoon*, de Dorothy L. Sayers, se diseñó utilizando la retícula creada por Marber para Penguin Crime.

Penguin Crime 2'6
abcdefghijk
mnopqrstuvwxy
abcdefghijklmnop
abcdefghjkl
abcdefghigklmnopqr
90°
Penguin Crime 5/-
Busman's honeymoon
Dorothy L. Sayers

ACID
SPEED
BARBITURATES
LSD
DEXIES
METH
GRASS
SMACK
MARY JANE
SNOW
HORSE
HEROIN
BENNIES
HASHISH
POT
WILL THEY TURN YOU ON OR WILL THEY TURN ON YOU
WB
DEPARTMENT OF HEALTH, EDUCATION, AND WELFARE
PUBLIC HEALTH SERVICE
HEALTH SERVICES AND MENTAL HEALTH ADMINISTRATION
THE NATIONAL INSTITUTE OF MENTAL HEALTH, P.O. BOX 1080, WASHINGTON, D.C. 20013

Página anterior: En este cartel contra las drogas, publicado por las autoridades sanitarias estadounidenses, se adoptaron una rotulación y un estilo gráfico típicamente "psicodélicos", muy populares entre el público al que iba destinada la campaña.

En una línea de texto, el espaciado entre palabras, que es esencialmente una función propia del tipo de letra, puede alterarse dependiendo de si la columna de texto está justificada o no. Alinear el texto a la izquierda suele considerarse la mejor opción, ya que el espaciado entre letras y palabras será uniforme. El texto justificado, que es el método más convencional, sobre todo en los libros, obliga a partir las palabras a final de línea o bien a alterar el espacio entre palabras, ensanchándolo o comprimiéndolo para llenar la línea.

En una escala mayor, la composición o maquetación de texto en una página implica jerarquizar la información, diferenciando mediante distintos tamaños de texto los titulares, el cuerpo principal de texto y los pies de ilustración. Componer un texto con dos tipos distintos —por ejemplo, combinar uno de palo seco para titulares y uno con remates para el cuerpo de texto— genera un componente de contraste que contribuye a dirigir la atención del lector.

En revistas, periódicos y libros ilustrados es habitual maquetar los textos ajustándose a una retícula. Esto, en el caso de textos extensos, proporciona al diseñador un marco de trabajo funcional para organizar el material y ofrece al lector un medio de orientación predecible. Una retícula bien diseñada hace un uso dinámico de la relación entre texto y espacio en blanco, de modo que el espacio blanco "actúe" de igual manera que lo hace el negro.

La retícula también puede constituir una especie de firma o marca. La retícula que concibió el diseñador polaco Romek Marber (1925-) para las cubiertas de la colección Penguin Crime a principios de la década de 1960 sirvió para actualizar la imagen de una editorial respetada y acabó por aplicarse a varias de sus colecciones. Los dos tercios inferiores del espacio de la cubierta se dedican a una imagen o ilustración, mientras que el tercio superior se divide en tres partes: editorial, colección y precio; autor y título, todo ello alineado a la izquierda.

La tipografía de carácter más ilustrativo o comercial exige menos restricciones al diseñador o tipógrafo. En estos casos, es donde alcanza su máxima y más rica expresión. En la obra del diseñador estadounidense Milton Glaser (1929-), por ejemplo, la tipografía se considera ilustración por derecho propio y se dispone configurando imágenes que crean una interacción entre signo y significado.

Proceso

La tipografía encarna la tensión entre mano y máquina, entre forma orgánica y geometría, entre lo físico y lo abstracto. El origen de esas tensiones se remonta a los primeros sistemas de escritura, el momento en que, por vez primera, se adoptaron signos para registrar información y transmitir significados.

En cierto modo, todo nuevo tipo que se diseña constituye un renacer de los que le preceden, incluso si trata de reinterpretar o cuestionar esa tradición histórica. Los primeros tipos imitaron la letra manuscrita gótica, la caligrafía estándar de la época medieval. Los diseños posteriores han sido reflejo también de sus propios medios, desde los tipos de metal hasta el monitor informático. Incluso hoy, cuando los procesos digitales parecen haber separado el diseño de tipos del mundo físico, el pasado sigue presente en los caracteres tipográficos.

Izquierda: El *Libro de Kells*, obra maestra de la caligrafía occidental, fue creado por diversos escribas en Irlanda alrededor del año 800. Se trata de una transcripción latina de los cuatro evangelios del Nuevo Testamento, manuscritos con tinta ferrogálica sobre un pergamino de alta calidad. Esta página, obra del escriba "D", muestra una caligrafía con capitulares iniciales zoomórficas.

Página siguiente: Las letras siguen presentando vestigios de las herramientas que se utilizaban antiguamente para crearlas. Se cree que los trazos terminales (también llamados remates o serifas), proceden de los pequeños pies incisos con los que los cinceladores romanos remataban sus letras.

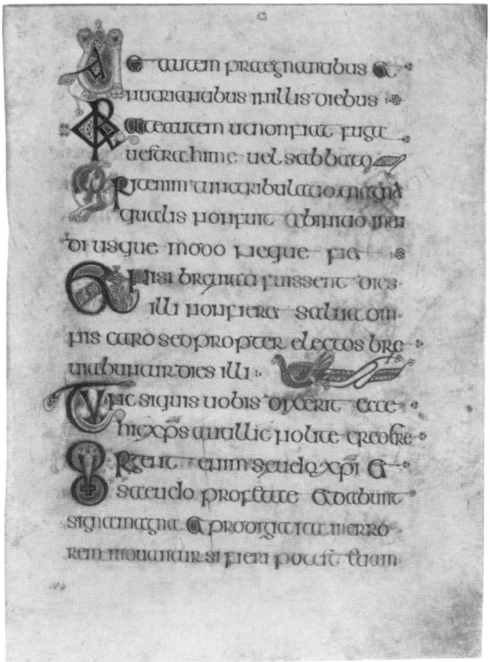

MICH
HAG

Escritura

Las primeras formas de escritura, que son incluso anteriores a los primeros alfabetos, fueron los jeroglíficos egipcios, que se pintaban con tinta sobre rollos de papiro o se grababan con un cincel en piedra, y la escritura cuneiforme mesopotámica, que se producía presionando el extremo afilado de un junco contra una tablilla de arcilla húmeda. Los jeroglíficos (palabra que significa "escrituras sagradas") del Antiguo Egipto eran, en esencia, pictogramas que representaban palabras o secuencias de consonantes.

Hacia el 2000 a. C., se desarrolló en la zona central de Egipto la primera escritura alfabética. Utilizaba signos o glifos para representar consonantes individuales, probablemente para que los escribas egipcios pudieran escribir la lengua de los trabajadores esclavos de origen semítico. Este sistema se fue propagando hacia el norte y pasó a usarse profusamente en Fenicia, que constituía un eje central en la red comercial que unía Occidente y Oriente. Dos de las variantes cruciales del alfabeto fenicio que surgieron después fueron los alfabetos griego y arameo. El actual alfabeto occidental deriva del griego, mientras que el arameo, que se convirtió en la escritura oficial del Imperio persa, es el precursor de muchos de los alfabetos de Oriente Próximo.

Los orígenes pictóricos de estos primeros alfabetos manuscritos son todavía evidentes en el nuestro. La letra *A* procede de un signo que representaba la cabeza de un buey (en el alfabeto fenicio, el signo que hoy llamamos *A* se escribía en horizontal). La letra *T* deriva de un signo que representaba una marca, y apareció inicialmente en el alfabeto fenicio en forma de *X*, y la *O* deriva de un signo que representaba un ojo.

Se escribía con la ayuda de un pincel, una caña, un cincel o una pluma, y en las letras quedan reminiscencias del uso de cada uno de estos instrumentos. El alfabeto latino estaba compuesto exclusivamente por letras mayúsculas, o capitales. Se cree que los remates de los trazos tienen su origen en los pequeños terminales incisos con los que los cinceladores romanos remataban sus austeros y bien proporcionados caracteres. Se usaban mayúsculas menos formales para escribir en rollos y, en el caso de comunicaciones escritas de índole todavía más informal, se adoptó una caligrafía cursiva que derivaba de la escritura con estilete sobre tablillas de cera.

Página siguiente: El siglo IX fue testigo del desarrollo de la minúscula, o letra de caja baja. La minúscula carolingia, que debe su nombre al emperador Carlomagno (Carolus Magnus, en latín), fue la caligrafía que se usó en Europa para escribir libros durante los 300 años siguientes. Este ejemplo está extraído de un manuscrito francés del siglo IX.

certe illis recessit ab eis et ferebatur in caelum. et ipsi adorantes re
gressi sunt in hierusalem cum gaudio magno et erant semper in templo
laudantes et benedicentes dominum.

INICIUM EVG SECDM IOH

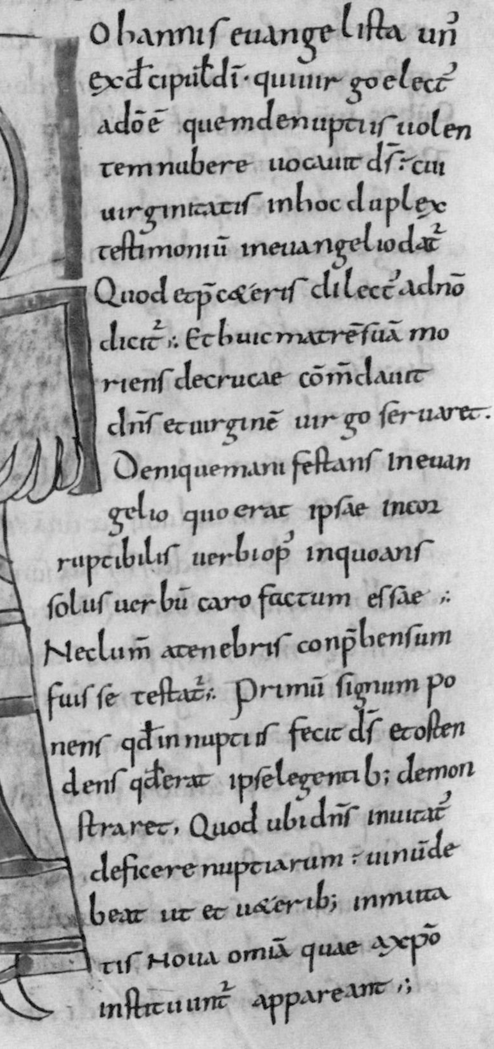

Iohannis evangelista unus
ex discipulis dei qui virgo electus
a deo est quem de nuptiis volen
tem nubere vocavit deus cui
virginitatis in hoc duplex
testimonium in evangelio datur
Quod et prae ceteris dilectus a domino
dicitur. Et huic matrem suam mo
riens de cruce commendavit
dominus et virginem virgo servaret.
Denique manifestans in evan
gelio quod erat ipse incor
ruptibilis verbi opus inquoans
solus verbum caro factum essae.
Nec lumen a tenebris conprehensum
fuisse testatur. Primum signum po
nens quod in nuptiis fecit deus et osten
dens quod erat ipse legentibus demon
straret. Quod ubi dominus invitatur
deficere nuptiarum vinum de
beat ut et veteribus inmutata
tis nova omnia quae a Christo
instituuntur appareant.

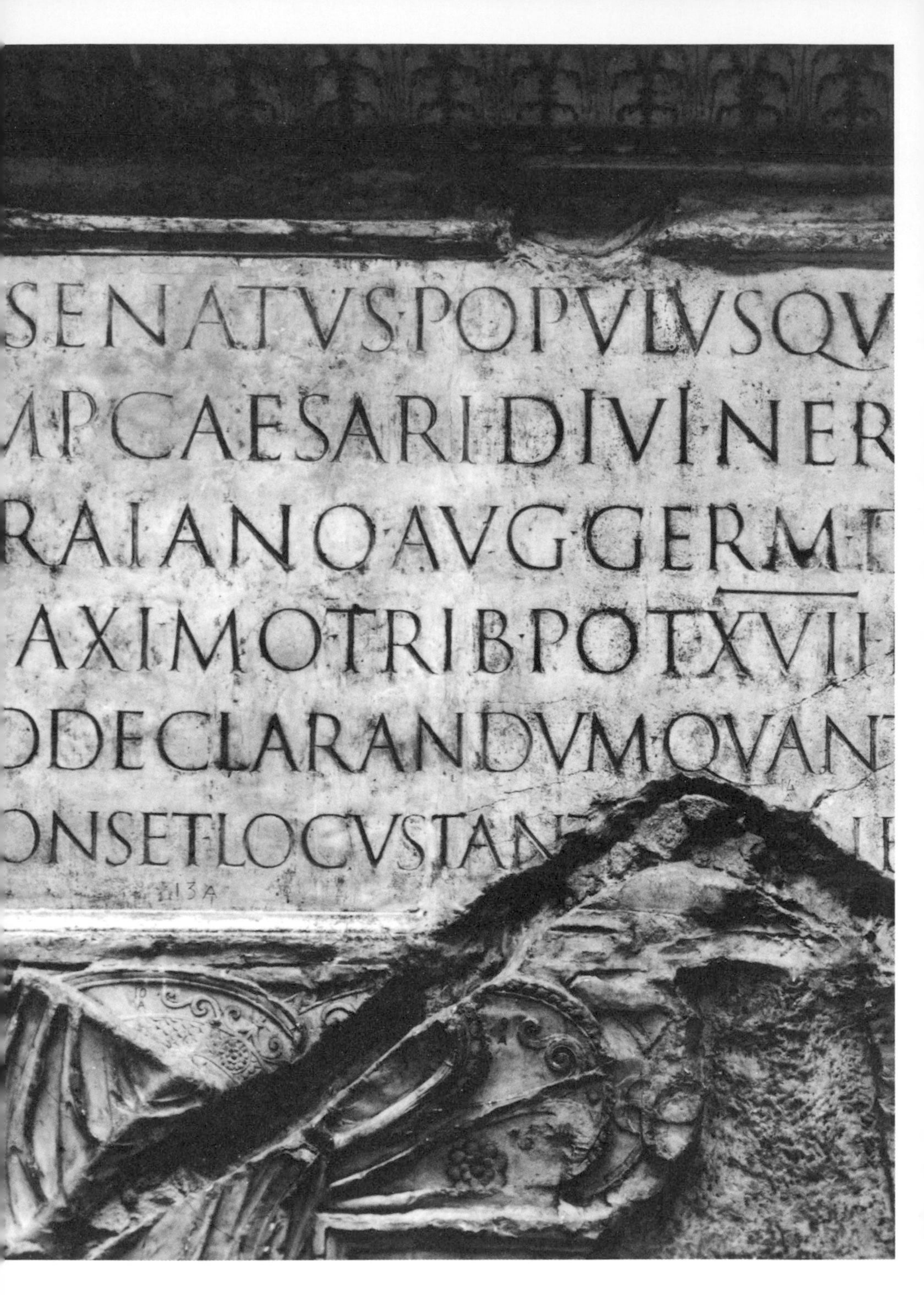
SENATVSPOPVLVSQV
MPCAESARIDIVINER
RAIANOAVGGERM
AXIMOTRIBPOTXVII
DECLARANDVMQVAN
ONSETLOCVSTAN

Abajo y página anterior: La letras finamente cinceladas en la base de la Columna Trajana de Roma (terminada en el año 113 d. C.) se consideran un modelo de forma y proporción. Dado que la inscripción debía leerse desde abajo, las letras inferiores son algo menores que las superiores, lo que genera una sensación de equilibrio en el conjunto.

Después de la adopción del alfabeto latino por parte de los primeros cristianos, las letras sufrieron una transformación gradual. Con el aumento de la disponibilidad del pergamino, al que se sumaron las mejoras en su tamaño y su calidad, aparecieron las mayúsculas redondeadas llamadas "unciales", cuyas curvas evidencian una mayor soltura a la hora de escribir con tinta sobre una superficie lisa. Cuando los libros sustituyeron a los rollos de pergamino, se produjo otro cambio: de escribir en una superficie horizontal, se pasó a componer el texto en columnas verticales, normalmente dos por página, para aprovechar al máximo el espacio disponible. La posterior aparición de las semiunciales, una caligrafía de mayúsculas comprimidas y con trazos ascendentes y descendentes, vaticinaba ya el posterior desarrollo de las minúsculas.

Fue durante el reinado de Carlomagno (768-814) cuando lograron su máximo desarrollo las letras minúsculas, o de caja baja, rodeadas de sus característicos espacios blancos. La letra carolingia fue la caligrafía utilizada en Europa para escribir libros hasta bien entrado el siglo XII, cuando fue reemplazada por la caligrafía gótica.

Durante toda la Edad Media, la escritura se vio confinada a las órdenes monásticas, que copiaban textos sagrados y los embellecían con letras iluminadas e ilustraciones. Era una tarea laboriosa y meticulosa. Incluso después de la fundación de las primeras universidades, que no eran sino una suerte de comunidades religiosas, los libros siguieron siendo un objeto escaso y extremadamente valioso, hasta el punto de que muchas veces se guardaban bajo llave o encadenados a los atriles.

Llegado el siglo XV, los movimientos radicales de la Reforma y el Renacimiento dieron pie a una nueva demanda de libros. La consecuencia lógica de la Reforma protestante, que desafió a la autoridad del clero como único intérprete autorizado de las Escrituras cristianas, fue que los seglares reclamaron el derecho a poseer sus propias biblias. El Renacimiento, que resucitó el concepto del aprendizaje como investigación, despertó una sed general por los textos clásicos y los conocimientos que estos contenían. Lo que pronto iba a desencadenar la aparición de la imprenta no era sino la primera explosión histórica de la comunicación.

La Biblia de Gutenberg

La fabricación de papel y la impresión se inventaron en el Lejano Oriente más de mil años antes de que estas tecnologías llegasen a Occidente. Cuando los árabes introdujeron la fabricación de papel en Europa, a finales del siglo XIII, Fabriano, una localidad italiana cercana al puerto de Ancona, se consolidó enseguida como el mayor centro de producción papelera. Los artesanos de Fabriano introdujeron numerosas innovaciones en el proceso, como las filigranas o marcas de agua o el uso de la gelatina animal (en lugar de almidón) para tratar las hojas, lo que les confería una superficie más lisa. La generalización del uso del papel y su disponibilidad propiciaron la demanda de pequeñas impresiones con bloques de madera, que muchas veces incluían alguna clase de inscripción o lema.

El primer libro impreso con tipos móviles en el mundo occidental fue la Biblia de Gutenberg de 1455. Cada página constaba de dos columnas de 42 líneas de texto cada una. El estilo de los tipos, que hoy llamaríamos gótico, imitaba la caligrafía estándar que se usaba en los libros manuscritos, lo que contribuyó a brindarle un aire de autenticidad.

Johannes Gutenberg (ca.1398-1468) fue un orfebre de la ciudad alemana de Maguncia. Poco se sabe sobre cómo hizo sus descubrimientos, pero lo que sí queda claro es que sus conocimientos y aptitudes como metalista tuvieron mucho que ver, sobre todo en la formulación de la aleación de metales que utilizó para fundir los tipos. También concibió una tinta de base oleosa que era más duradera que las tintas de base acuosa y para imprimir adaptó una prensa de madera parecida a las que se utilizaban en aquel entonces para el prensado del aceite o del vino.

La primera fase del proceso de fabricación de tipos de Gutenberg consistió en crear un punzón maestro de metal duro con la letra tallada en relieve en uno de sus extremos. Este punzón percutía contra otra pieza de metal más blando, como el cobre, para generar un molde o matriz, que se colocaba después en un soporte. A continuación, se fundían las letras, una a una, vertiendo la "aleación tipográfica" en el molde. La matriz podía reutilizarse. Como resultado, cada vez que una misma letra aparece en un texto, es siempre idéntica.

Sin duda, el método de fabricación de Gutenberg constituyó una nueva modalidad de producción en serie, pero era costoso, laborioso y exigía mucho tiempo. Para imprimir una sola página, hacían falta miles de tipos de metal, que habían tardado meses, si no años, en fabricarse. Aun así, el proceso se mantuvo prácticamente idéntico hasta la llegada de las máquinas de linotipia, a finales del siglo XIX.

Abajo: Dos páginas de la Biblia de Gutenberg, impresas sobre pergamino en el taller de Johannes Gutenberg en 1455. Cada página presenta dos columnas de 42 líneas cada una.

El nacimiento de los tipos de imprenta

Si bien el proceso de fabricación de los tipos se mantuvo igual durante muchos siglos, su *apariencia* cambió casi de inmediato. Hoy se hace difícil descifrar la Biblia de Gutenberg porque no estamos acostumbrados a los tipos góticos, réplica de la caligrafía de la época, y porque sabemos todavía menos sobre el contexto de lectura de esa obra. Los eruditos o el clero de los tiempos de Gutenberg no tenían esos problemas con la legibilidad. Sin duda, Gutenberg pretendió que su Biblia hiciese gala de la misma autoridad que las versiones manuscritas a las que reemplazó.

Resulta interesante que, pese a que en la época había un claro predominio de la letra de estilo gótico como caligrafía para los libros manuscritos, en cuanto empezaron a proliferar los libros impresos se manifestó un desagrado general por su pesadez visual. No tardaron mucho en crearse nuevos tipos de letra y, a mediados del siglo XIV, los impresores de fuera de Alemania habían abandonado el uso de los tipos góticos, excepto en aquellos casos donde se buscaba precisamente la autoridad que estos irradiaban, como, por ejemplo, en los documentos legales. Por el contrario, en Alemania se siguió utilizando la letra gótica con asiduidad hasta bien entrado el siglo XX.

Lo que parecía estar pidiendo el nuevo medio impreso era un nuevo lenguaje. Y eso es lo que surgió con el Renacimiento, cuando en la comunicación escrita comenzó a usarse de manera generalizada una caligrafía fina y cursiva. A partir de esta letra, que a su vez estaba basada en formas mucho más antiguas, se desarrollaron los primeros tipos en redonda y en cursiva. El francés Nicolas Jenson (1420-1480) fue el primero en crear letras específicamente diseñadas para tipos de imprenta, en lugar de adaptar una caligrafía ya existente. En Venecia, adonde se había trasladado para trabajar, Jenson talló el primer tipo romano, con el que empezó a imprimir alrededor de 1470. Sus tipos, abiertos, redondeados y legibles, combinaban mayúsculas romanas con formas minúsculas basadas en la caligrafía cursiva. El resultado, coherente y equilibrado, generaba un uso dinámico del espacio en blanco. Poco después, Francesco Griffo (1450-1518) talló el primer tipo en cursiva, otra variante de la minúscula humanista. Sus caracteres respondieron muy bien a la demanda de ediciones de bolsillo de los clásicos gracias a su compresión, que permitía economizar espacio en la página.El uso de tipos romanos se propagó hacia el

Página siguiente: Claude Garamond (ca.1480-1561) basó su tipo romano en el diseñado por Francesco Griffo en 1495. Tras la muerte de Garamond, algunos de sus punzones fueron a parar a una fundición de Fráncfort. El *Espécimen Egenolff-Berner*, publicado en 1592 por la fundición y que muestra la Garamond en redonda y cursiva, es una importante referencia de esta letra.

Abajo: Una página del *Bestiario de Aberdeen*, escrito e iluminado en Inglaterra alrededor del año 1200.

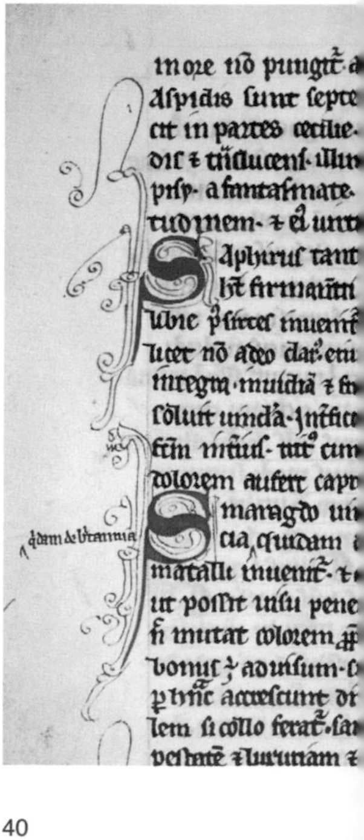

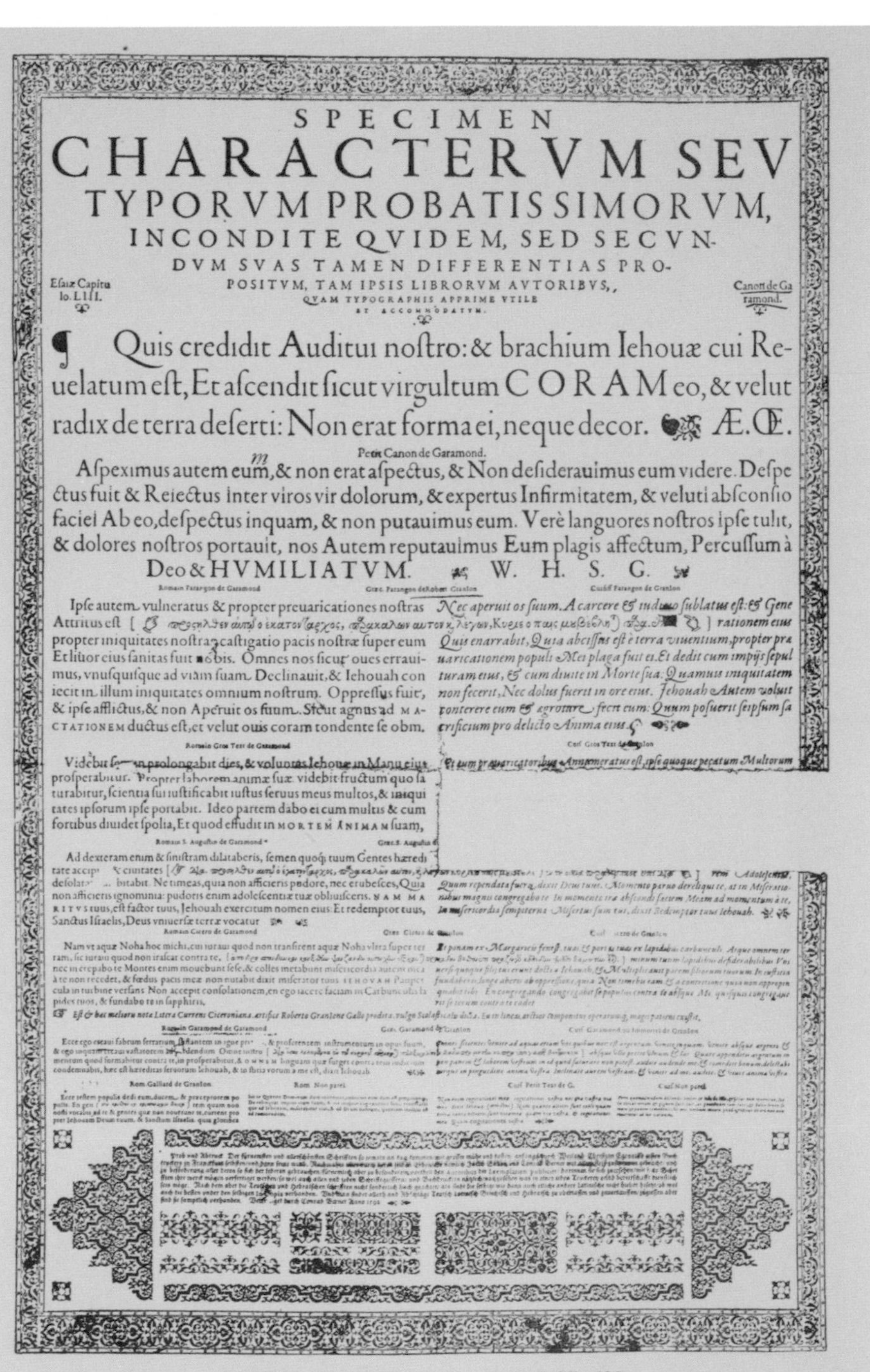

SPECIMEN
CHARACTERVM SEV
TYPORVM PROBATISSIMORVM,
INCONDITE QVIDEM, SED SECVN-
DVM SVAS TAMEN DIFFERENTIAS PRO-
POSITVM, TAM IPSIS LIBRORVM AVTORIBVS,
QVAM TYPOGRAPHIS APPRIME VTILE
ET ACCOMMODATVM.

Esaiæ Capitu lo. LIII.

Canon de Garamond.

¶ Quis credidit Auditui nostro: & brachium Iehouæ cui Reuelatum est, Et ascendit sicut virgultum CORAM eo, & velut radix de terra deserti: Non erat forma ei, neque decor. Æ. Œ.

Petit Canon de Garamond.

Aspeximus autem eum, & non erat aspectus, & Non desiderauimus eum videre. Despectus fuit & Reiectus inter viros vir dolorum, & expertus Infirmitatem, & veluti absconsio faciei Ab eo, despectus inquam, & non putauimus eum. Verè languores nostros ipse tulit, & dolores nostros portauit, nos Autem reputauimus Eum plagis affectum, Percussum à Deo & HVMILIATVM. W. H. S. G.

Romain Parangon de Garamond

Ipse autem vulneratus & propter preuaricationes nostras Attritus est [...] propter iniquitates nostras castigatio pacis nostræ super eum Et liuor eius sanitas fuit nobis. Omnes nos sicut oues errauimus, vnusquisque ad viam suam Declinauit, & Iehouah con iecit in illum iniquitates omnium nostrum. Oppressus fuit, & ipse afflictus, & non Aperuit os suum. Sicut agnus ad MACTATIONEM ductus est, et velut ouis coram tondente se obm.

Grec Parangon de Robert Granlon

Cursiff Parangon de Granlon

Nec aperuit os suum. A carcere & iudicio sublatus est: & Generationem eius Quis enarrabit, Quia abcissus est è terra viuentium, propter præuaricationem populi Mei plaga fuit ei. Et dedit cum impijs sepulturam eius, & cum diuite in Morte sua: Quamuis iniquitatem non fecerit, Nec dolus fuerit in ore eius. Jehouah Autem voluit conterere eum & ægrotare fecit eum: Quum posuerit seipsum sacrificium pro delicto Anima eius.

Romain Gros Text de Garamond

Curs. Gros Text de Granlon

Videbit semen prolongabit dies, & voluntas Iehouæ in Manu eius prosperabitur. Propter laborem animæ suæ videbit fructum quo saturabitur, scientia sui iustificabit iustus seruus meus multos, & iniqui tates ipsorum ipse portabit. Ideo partem dabo ei cum multis & cum fortibus diuidet spolia, Et quod effudit in MORTEM ANIMAM suam,

Et cum præuaricatoribus Annumeratus est, ipse quoque peccatum Multorum

Romain S. Augustin de Garamond

Grec S. Augustin

Ad dexteram enim & sinistram dilataberis, semen quoque tuum Gentes hæreditate accip[iet] & ciuitates [...] desola[tas] ... bitabit. Ne timeas, quia non afficieris pudore, nec erubesces, Quia non afficieris ignominia: pudoris enim adolescentiæ tuæ obliuisceris. NAM MARITVS tuus, est factor tuus, Iehouah exercitum nomen eius: Et redemptor tuus, Sanctus Israelis, Deus vniuersæ terræ vocatur

Romain Cicero de Garamond

Grec Cicero de Granlon

Curs. Cicero de Granlon

Nam vt aquæ Noha hoc michi, cui iuraui quod non transirent aquæ Noha vltra super terram, sic iuraui quod non irascar contra te, [...] nec increpabo te Montes enim mouebunt sese, & colles metabunt misericordia autem mea à te non recedet, & fœdus pacis meæ non nutabit dixit miserator tuus IEHOVAH Pauper cula in turbine versans Non accepit consolationem, en ego iacere faciam in Carbunculo la pides tuos, & fundabo te in sapphiris,

Et ponam ex Margaritis fenestras tuas & portas tuas ex lapidibus carbunculi. Atque omnem terminum tuum lapidibus desiderabilibus ...

Est & hæc melioru nota Litera Currens Ciceroniana artifice Roberto Granlone Gallo prodit a vulgo ...

Romain Garamond de Garamond

Grec Garamond de Granlon

Curs. Garamond ou Immortel de Granlon

Rom. Galliard de Granlon

Rom. Non pareil

Curs. Petit Texte de G.

Curs. Non pareil

Prob vnd Abtruck Der fürnembsten vnd allerschönsten Schriften ... Conrad Berner Anno 1592

THE BERNER SPECIMEN BROADSIDE OF 1592

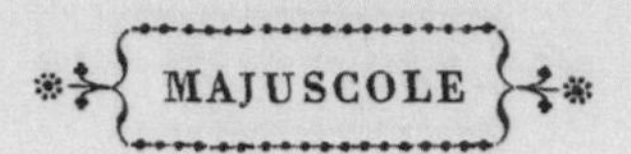

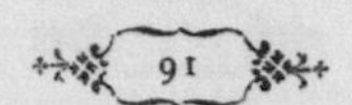

ABCDEFG
HIJKLMNO
PQRSTV

ABCDEFG
HIJKLMN

Página anterior: Los tipos romanos del siglo XVIII eran más geométricos que todos los creados anteriormente. Esta muestra de Bodoni está extraída del *Manuale tipografico del cavalier Giambattista Bodoni* (1818).

Abajo: John Baskerville fue un famoso tipógrafo inglés del siglo XVIII. Creó tintas más negras y utilizó papel pulimentado para incrementar el contraste y así reproducir mejor la elegancia de sus caracteres.

EUNUCHUS

ACTUS V. SCEN

PYTHIAS, CHREMES, SOP

QUID? quid venire in mentem mihi?
Quidnam, qui referam ſacrilego illi g
Qui hunc ſuppoſuit nobis? *CH.* Mov
Te, nutrix. *SO.* Moveo. *CH.* Video moves.
PY. Jamne oſtendiſti ſigna nutrici? *C*
PY. Amabo, quid ait? cognoſcitne? *(*
moriter.
PY. Bene edepol narras: nam illi fav
Ite intro: jamdudum hera vos exſpeć
Virum bonum eccum Parmenonem in
Video. Vide ut otioſus it, ſi Dî place
Spero me habere, qui hunc meo excruc
Ibo intro, de cognitione ut certum ſci
Poſt exibo, atque hunc perterrebo ſac

ACTUS V. SCEN

PARMENO, PYTHI

REVISO, quidnam Chærea hic
Quod ſi aſtu rem tractavit, Dî vo
Quantam et quam veram laudem capie
Nam ut mittam, quod ei amorem diffi

norte y se popularizó sobre todo en la impresión de literatura latina. Cuando llegaron a Inglaterra, en 1520, estos tipos fueron adoptados por Wynkyn de Worde (fallecido en 1534), cuyo mentor, William Caxton, era el primer impresor del país. A mediados del siglo XVI, el centro de producción tipográfica se había trasladado a París y Lyon, donde Claude Garamond (ca.1480-1561) elaboró una versión francesa refinada de los tipos romanos.

Las caligrafías humanísticas en las que se basaron los primeros tipos romanos se trazaban con plumillas de punta ancha. Cuando estas dieron paso a las plumas de punta afilada, utilizadas en las letras manuscritas cursivas barrocas y rococós, el mismo cambio estético se hizo patente en el diseño de tipos: se incrementó el contraste entre los trazos finos y los gruesos, las letras redondeadas se comprimieron y se impuso una modulación vertical más acentuada.

La mayor parte de los tipos utilizados en Gran Bretaña desde mediados del siglo XVI hasta la mitad del XVII procedían de Holanda y muchos de ellos eran de calidad mediocre. La primera gran figura de la tipografía inglesa fue William Caslon (1692-1766). Un espécimen tipográfico publicado por Caslon en 1734 mostraba por primera vez una familia tipográfica completa, con redondas, cursivas y caracteres griegos, hebreos y árabes. Su diseño más conocido, la Caslon Roman, que se utilizó profusamente en las colonias norteamericanas, era sumamente vertical, con una cierta irregularidad propia de los tipos de estilo antiguo, lo que le confería encanto y atractivo. Otro reputado tipógrafo inglés del siglo XVIII fue John Baskerville (1706-1775), un maestro que centró sus esfuerzos en la estética de las letras. El tipo romano de Baskerville era especialmente elegante y su diseñador se aseguró de poder representarlo de manera óptima al concebir unas tintas más oscuras y brillantes y un papel pulimentado de mayor lisura que incrementaba el contraste.

Los primeras tipos romanos verdaderamente "modernos" reflejaban el resurgir del clasicismo arquitectónico y artístico del siglo XVIII y eran mucho más geométricos que cualquier otro anterior. Giambattista Bodoni (1740-1813) y Firmin Didot (1764-1836) crearon tipos que, con sus largos trazos ascendentes y descendentes, sus remates finos y su rigurosa simetría, expresaban el espíritu racionalista de la Ilustración.

WELCOME

!!TO-NIGHT ONLY!!

A GREAT SPECTRAL AND METEORIC WONDER & NEVER BEFORE SEEN

IGGY FATUSE

WILL MAKE A RADIANT APPEARANCE!

THIS EXPLOSIVE BEAUTY,

—"THE HUMAN FIREFLY"—

Bound By Neither **LAWS OF GRAVITY** nor **PRINCIPLES OF THERMOPHOTONICS**

RIGHT BEFORE YOUR VERY EYES

WILL TRANSFORM

RANDOM ENERGY into **VISIBLE LIGHT**

TO RENDER HERSELF AT ONCE

WEIGHTLESS AND LUMINOUS.

NO ORDINARY ACT OF SPONTANEOUS COMBUSTION!

NO SIMPLE FEAT OF LEVITATIONAL METAMORPHOSIS!

NO MERE TEMPERATURE-GRADIENT INVERSION MIRAGE!

In a Brilliant Aura of Sublime Courage – WITH NO EXTERNAL SOURCE OF IGNITION – This Daring Maverick

WILL ELEVATE TO AN EMINENCE

UPWARDS OF

FORTY-FOUR FEET

8X THE HEIGHT OF THIS POSTER!!

before disappearing into a glowing streak in the sky.

Página anterior: El cartel de *The Human Firefly* (La luciérnaga humana), de la serie *Remarkable*, fue creado digitalmente por la artista Janice Kerbel con distintos tipos inspirados en los utilizados en la impresión tipográfica del siglo XIX. Se serigrafió sobre papel de cartelería.

Abajo, izquierda: Taller de composición del periódico *Washington Post and Times-Herald* (1954).

Abajo, derecha: Estudiante de composición durante unos cursos de impresión en el centro Mergenthaler Vocational Technical High School (1954).

Doble página siguiente: Los tipos movibles de metal se guardaban y clasificaban en cajas divididas en compartimentos, llamados cajetines. Las letras minúsculas se almacenaban en la parte inferior de la caja (caja baja) y las mayúsculas en la parte superior (caja alta).

Industrialización

Hasta finales del siglo XVIII el número de tipos que se usaban habitualmente siguió siendo muy reducido, a pesar de que durante los cuatro siglos transcurridos desde la Biblia de Gutenberg se había producido un desarrollo considerable en el diseño de tipos. Este panorama comenzó a cambiar con la llegada de la Revolución Industrial.

La producción en serie y estandarizada trajo consigo la necesidad de publicitar los productos para distinguirlos de sus competidores en el mercado. Se hizo más asequible y barato el papel de tamaños mayores, lo que permitía la impresión de carteles y anuncios públicos de grandes dimensiones. Para atraer la atención, las letras debían ser grandes, llamativas y distintivas. Puesto que fundir en metal letras de semejantes dimensiones y tan pesadas resultaba muy caro, se optó por tallarlas en bloques de madera, combinándolas, muchas veces, con tipos de metal. Los nuevos caracteres eran gruesos y llamativos, con remates macizos de tipo egipcio. A lo largo del siglo XIX, se crearon muchas variantes de tipos de fantasía y de titulares, entre ellos una incipiente letra de palo seco llamada grotesca.

El proceso de impresión también experimentó cambios drásticos. La prensa Stanhope, la primera de fundición de hierro, se creó en Londres en 1800 e incrementó la eficacia y la velocidad de la impresión. El 1814, el diario *The Times* aprovechó la fuente de energía de la época para convertirse en el primer periódico que se imprimía en una

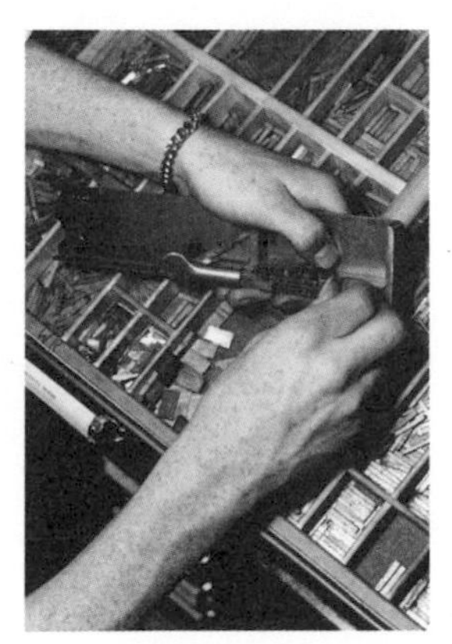

JOANNA 12 point
SMALL CAPS
14 pt BEMBO
SMALL CAPS
BACK SECTION
11/12 BEMBO S/CS
BASK.
6 8 9 10 11 12

24 Pt. Gill Extra Heavy
11 on 12 Pt. Plantin Roman
42 pt. Times Bold

CATALOGUE A.
OTT. MERGENTHALER AND CO.
BALTIMORE, MD.
MECHANICAL ENGINEERS AND MACHINISTS.
ELLIOTT CRESSON MEDAL
FOUNDED 1848.
THE JOHN SCOTT MEDAL
AWARDED BY THE CITY OF PHILADELPHIA
LINOTYPE PARTS.
LINOTYPE ATTACHMENTS.
LINOTYPE SUPPLIES
LINOTYPE IMPROVEMENTS.
INVENTORS AND MANUFACTURERS OF THE LINOTYPE.
LINOTYPE OFFICE IMPLEMENTS.
REPAIRING OF LINOTYPE MACHINES
REPAIRING OF LINOTYPE MACHINE PARTS.
REPAIRING OF LINOTYPE SPACE BANDS.
DEALING IN SECOND HAND LINOTYPE MACHINES.
CABLE ADDRESS: LINOTYPE, BALTIMORE.
WE MAKE A SPECIALTY OF DESIGNING AND BUILDING AUTOMATIC MACHINERY OF EVERY DESCRIPTION, SPECIAL TOOLS, MODELS, ETC.

Página anterior: Cartel publicitario del siglo xx sobre los servicios y productos de Ottmar Mergenthaler and Co. Mergenthaler, emigrante alemán afincado en Estados Unidos, revolucionó el mundo de la impresión con su invento de la máquina de linotipia en la década de 1880. El proceso de "fundición mecánica", que permitía fundir los tipos en la propia imprenta, incrementó enormemente la velocidad y la precisión de la impresión.

prensa que funcionaba con un motor de vapor. El desarrollo de la litografía, entre los numerosos métodos de impresión que se concibieron durante ese siglo, facilitó la introducción de ilustraciones —y más tarde, de fotografías— en las publicaciones. Pero fue la máquina de linotipia, introducida a finales de la década de 1880, la que resultaría ser el adelanto más revolucionario. Inventada por Ottmar Mergenthaler (1854-1899), inmigrante alemán afincado en Estados Unidos, la máquina se empezó a usar en el *New York Herald Tribune* en 1886.

Durante los primeros tiempos de la historia de la impresión, los impresores se encargaban de confeccionar los tipos y de imprimir con ellos. Más adelante, ambas disciplinas acabaron separándose por completo: las fundiciones tipográficas abastecían de tipos a los impresores, quienes a su vez componían e imprimían manualmente los textos con ellos. Con la llegada de las máquinas de linotipia y monotipia, los tipos se fundían directamente en la misma imprenta. El proceso dio en llamarse "fundición mecánica", para distinguirlo de la impresión con tipos metálicos móviles, que venían ya prefundidos. La fundición mecánica incrementó sobremanera la velocidad y la precisión de la impresión.

Antes de eso, había que componer a mano cada línea de tipos. El cajista o compositor iba seleccionando una a una las letras o los signos de puntuación de las cajas de tipos: la caja alta con las mayúsculas en la parte superior del chibalete o pupitre de composición y la caja baja, que contenía las minúsculas, en la parte inferior. Los tipos se iban colocando en orden en un componedor de mano y después se trasladaban a una bandeja de madera llamada galerín. Se trataba de un proceso laborioso, lento y muy propenso al error.

Con la máquina de linotipia —término que deriva del nombre comercial inglés *Linotype,* contracción a su vez de *line-of-type*, "línea de tipos"—, el operario utilizaba un teclado para generar el texto. La máquina componía los moldes o matrices correspondientes a las letras, números y signos de puntuación tecleados en una línea, que después se fundía en forma de una sola pieza metálica o bloque. El metal utilizado para fundir las líneas era una aleación de plomo, estaño y antimonio, capaz de soportar cientos de miles de impresiones. La máquina de monotipia —cuya denominación deriva del nombre comercial inglés *Monotype*— funcionaba de manera parecida, pero fundía los tipos sueltos, uno a uno. La invención de la máquina matricera automática, capaz de producir matrices tipográficas a gran velocidad, marcó el inicio de otra revolución en la tipografía.

AN A.B.C. OF GEOFFREY CHAUCER

Incipit carmen secundum ordinem literarum Alphabeti.

ALMIGHTY AND AL MERCIABLE QUENE,
To whom that al this world fleeth for socour,
To have relees of sinne, sorwe and tene,
Glorious virgine, of alle floures flour,
To thee I flee, confounded in errour!
Help and releve, thou mighty debonaire,
Have mercy on my perilous langour!
Venquisshed me hath my cruel adversaire.

BOUNTEE so fix hath in thyn herte his tente,
That wel I wot thou wolt my socour be,
Thou canst not warne him that, with good entente,
Axeth thyn help. Thyn herte is ay so free,
Thou art largesse of pleyn felicitee,
Haven of refut, of quiete and of reste.
Lo, how that theves seven chasen me!
Help, lady bright, er that my ship to-breste!

COMFORT is noon, but in yow, lady dere,
For lo, my sinne and my confusioun,
Which oughten not in thy presence appere,
Han take on me a grevous accioun
Of verrey right and desperacioun;
And, as by right, they mighten wel sustene
That I were worthy my dampnacioun,
Nere mercy of you, blisful hevene quene.

Página anterior: El *Kelmscott Chaucer*, publicado en 1986 por la Kelmscott Press, presentaba un tipo de estilo gótico llamado Chaucer, diseñado por el fundador de la imprenta, William Morris.

Abajo: El trabajo de Aubrey Beardsley para *The Yellow Book* ejemplifica el estilo esteticista de finales del siglo XIX, de fuerte influjo japonés.

Modernismo y movimiento moderno

Hacia finales del siglo XIX se pudo observar una reacción contra la industrialización, encarnada primero en el movimiento *Arts and Crafts* y más tarde en el esteticismo inglés, que expresaron sus posiciones particulares adoptando tratamientos tipográficos distintivos. William Morris (1834-1896) y sus seguidores generaron trabajos que se remontaban visualmente a un medievalismo idealizado. Cuando Morris, al final de su carrera, fundó su propia imprenta, diseñó un tipo de estilo gótico llamado Chaucer (1892). Los esteticistas, por otra parte, experimentaron con formas de letras estilizadas muy influidas por las impresiones japonesas en madera, como puede apreciarse en el trabajo que realizó Aubrey Beardsley para *The Yellow Book.*

Esta corriente adoptó en España el nombre de "modernismo". Frente a ella, los diseñadores radicales de la Bauhaus alemana de principios del siglo XX mostraron una reacción distinta. En sus inicios, el

movimiento moderno se fundamentó en una ideología socialista que se hacía eco, a su vez, de la máxima de Morris: "Arte para todos". Se rechazaron ornamento y decoración en defensa de las formas puras y rigurosas. La máquina, como motor de la producción en serie, fue motivo de inspiración de la nueva estética funcional. Los tipos acentuaron su geometría y su sencillez. Se abandonó el uso de remates terminales y, en ocasiones, también el de las letras mayúsculas, como en el caso de la Universal, diseñada en 1925 por Herbert Bayer (1900-1985). La Futura (1927) de Paul Renner (1878-1956) fue la primera familia de palo seco diseñada específicamente para textos de lectura continua. Por entonces, se acuñó también el término "diseño gráfico" para definir la disciplina consistente en organizar el material para su posterior reproducción impresa.

Algunos de los tipos más longevos creados durante este periodo fueron obra del escultor, cincelador, tipógrafo e impresor inglés Eric Gill (1882-1940). La Gill Sans (1926) y la Perpetua (1928) exhiben cierta calidad lírica y se basan en proporciones clásicas. En 1913, el calígrafo Edward Johnston (1872-1944) recibió el encargo de diseñar un tipo de palo seco para el metro de Londres. Su diseño se utiliza todavía en la actualidad (con el nombre de New Johnston), aunque ligeramente modificado.

A raíz de la Segunda Guerra Mundial, el movimiento moderno perdió gran parte de su ideal utópico y se transformó en el llamado "estilo internacional", aplicado de forma uniforme a mobiliario, edificios, productos y caracteres tipográficos. A su vez, la tipografía pasó a estar dominada por el llamado "estilo suizo", cuyos mejores exponentes son la Helvetica y la Univers (ambas comercializadas en 1957). Un nuevo proceso tipográfico, la fotocomposición, liberó a los tipos de su componente físico. Antes de ello, el espaciado de los tipos se había visto limitado precisamente por esas propiedades físicas: el cuerpo metálico en forma de prisma que servía de base a los tipos fundidos. La Univers, diseñada por Adrian Frutiger (1928-), fue la primera familia diseñada tanto para la fundición mecánica como para el nuevo proceso de fotocomposición.

La Futura (1927) de Paul Renner, encargada por la fundición tipográfica Bauer, se basaba en las formas geométricas del triángulo, el círculo y el cuadrado.
La Futura, primera familia de palo seco diseñada para textos de lectura continua, fue la seleccionada para la inscripción de la placa que se dejó en la superficie lunar en julio de 1969.

BAUER TYPE FOUNDRY

FUTURA

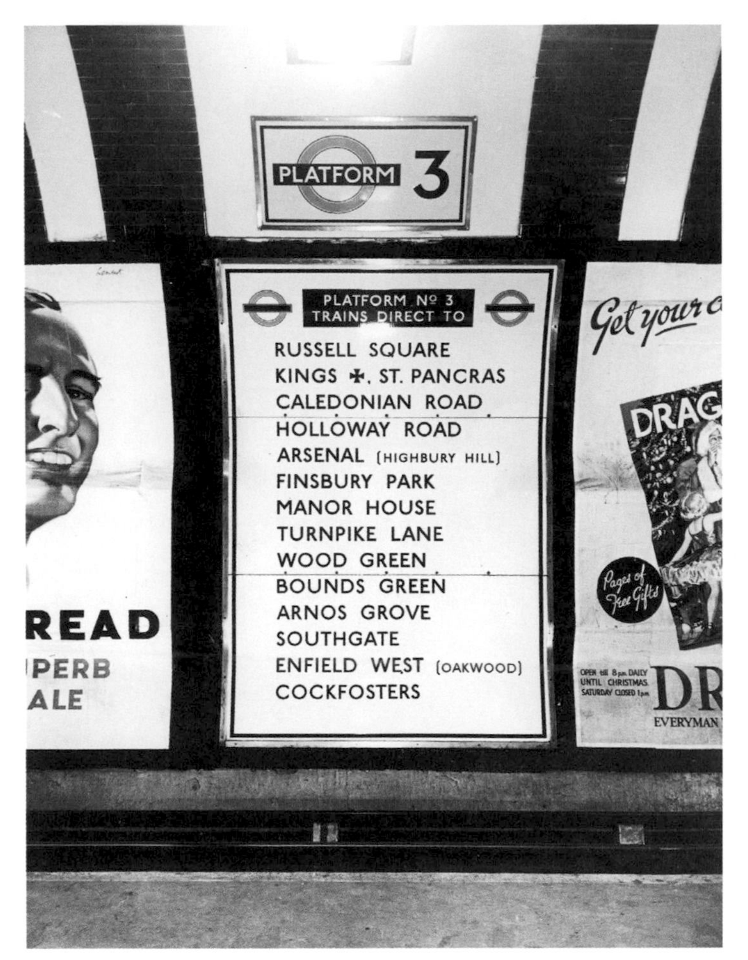

Izquierda: El característico tipo de palo seco del metro de Londres fue obra de Edward Johnston y se aplicó inicialmente en 1916. En la década de 1930, se había convertido ya en un elemento clave de la identidad corporativa del trasporte londinense. Fue rediseñado en 1979 y sigue utilizándose en la actualidad con el nombre de New Johnston.

Página siguiente: Boceto de Eric Gill para la letra *g* minúscula de la Gill Sans, un tipo de palo seco de estilo humanístico creado originalmente en 1926 y comercializado por la Monotype Corporation en 1928. Se popularizó ampliamente en 1929, al ser seleccionado por la compañía ferroviaria London and North Eastern Railway (LNER) para rotular toda su red, desde las placas de las locomotoras hasta los paneles de horarios y los carteles. Entre otros usuarios de la Gill Sans, destacan también la BBC y Penguin Books, así como la antigua compañía británica de ferrocarriles, la British Rail.

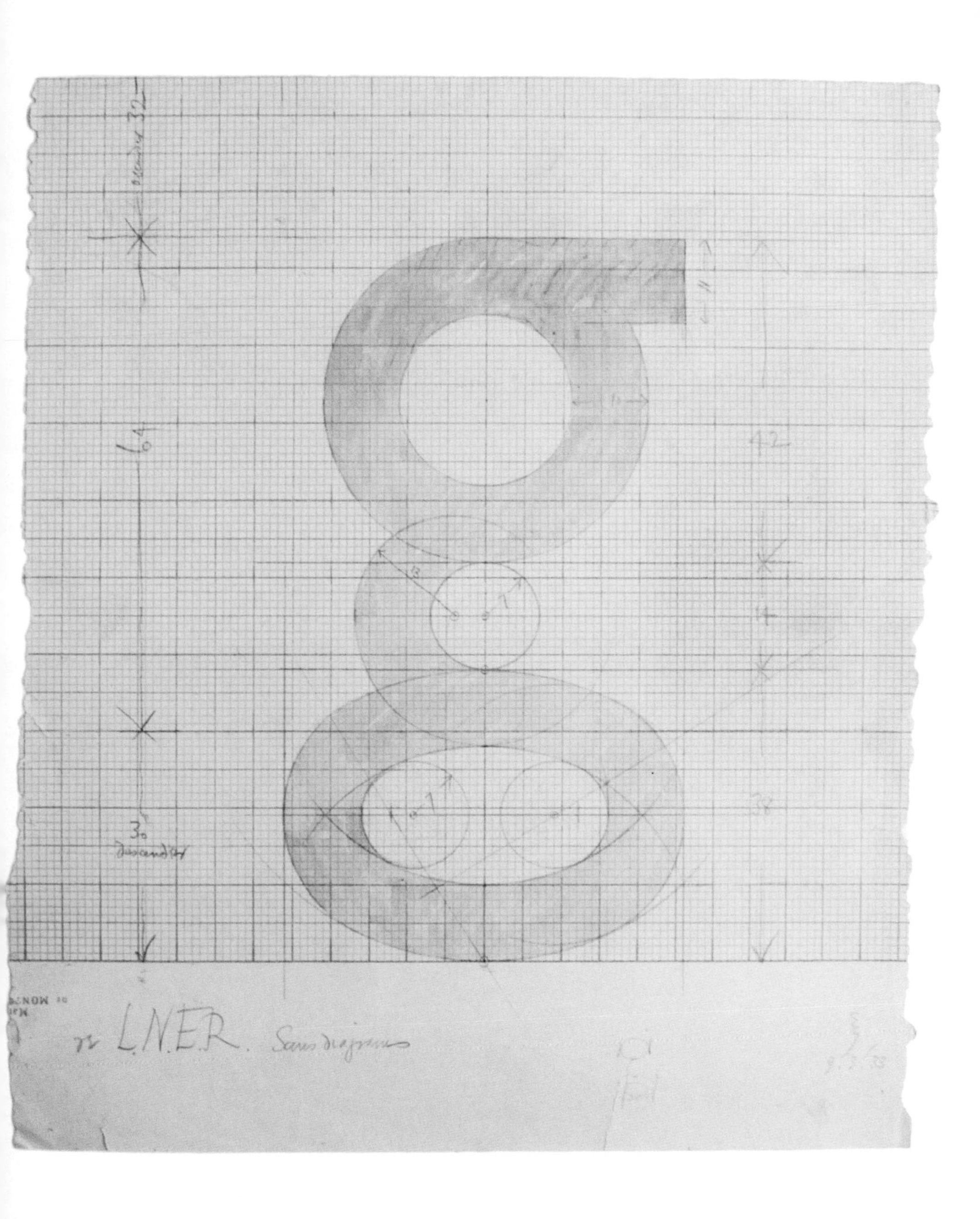

42
L.N.E.R.

The Great Bear

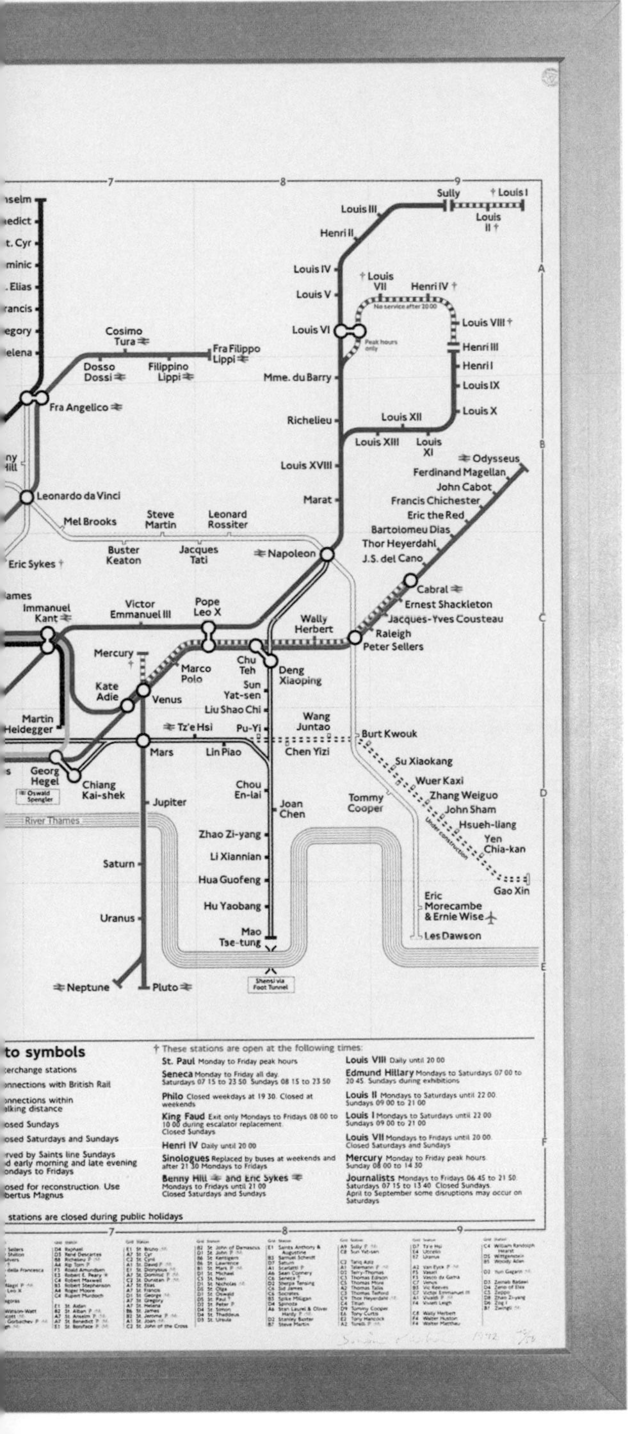

La ingeniosa y subversiva litografía *The Great Bear* (La osa mayor) (1992), de Simon Patterson, juega con el icónico mapa del metro de Londres, que también emplea la New Johnston. Litografía a cuatro tintas en marco de aluminio y vidrio, tirada de 50 ejemplares, 109,2 × 134,6 cm.

La revolución digital

Con la aparición del ordenador personal, se iba a escribir un nuevo capítulo en la historia de la tipografía. El momento decisivo llegó en 1985, con la salida al mercado de la LaserWriter de Apple, la primera impresora PostScript. El PostScript, desarrollado por Adobe Systems, era un nuevo lenguaje de programación que permitía imprimir textos e imágenes de alta calidad en la misma página: lo que dio en llamarse WYSIWYG (*What You See Is What You Get,* "lo que ves es lo que obtienes"). La era de la autoedición había comenzado.

Izquierda: Cartel para Fuse, diseñado por Neville Brody. Fuse es una plataforma de diseño y tipografía experimentales que organiza conferencias periódicamente y publica caracteres tipográficos realizados por encargo.

Página siguiente: La revista estadounidense *Emigre* (1984-2005), de cuya dirección de arte se encargó el diseñador de origen holandés Rudy VanderLans (1955-), ejerció una enorme influencia en la tipografía y el diseño gráfico experimentales.
La fundición tipográfica digital independiente Emigre, fundada en el mismo año que la revista por VanderLans y su socia, Zuzana Licko, sigue desarrollando y publicando diseños de tipos innovadores, incluidos los diseñados por la propia Licko. La portada del número 19 de *Emigre* presentaba la Template Gothic, de Barry Deck (1962-).

EMIGRE №19: Starting From Zero

Price: $7.95

Editor/Designer: RUDY VANDERLANS. Editorial consultant: ALICE POLESKY. Distribution, promotion and editorial assistance: ELIZABETH DUNN. Typeface design (this issue): B A R R Y D E C K. Technical support: GERRY VILLAREAL. Emigre is published four times a year by Emigre Graphics.

ISSN 1045- 3717.

Send all correspondence to: Emigre, 48 Shattuck Square, №175, Berkeley, CA 94709 - 1140, USA.
Phone (415) 845 9021. Fax (415) 644 0820.
POSTMASTER PLEASE SEND ADDRESS CHANGES TO:
EMIGRE, 48 SHATTUCK SQUARE, №175, BERKELEY, CA 94704 - 1140, USA.
CIRCULATION 6,500. SUBSCRIPTIONS: $28 (four issues).

(Application to mail at 2nd class postage rates pending at Berkeley, CA.)

INTRRR ODUCT ION

Each time we bring one issue of *Emigre* to the printer, the idea for the next will have slowly started to surface, but never quite crystallizes until we're almost finished.

The idea for this issue started to come together after I was invited to do a three-day workshop at Cranbrook Academy of Art in Bloomfield Hills, Michigan.

I have always been impressed by the graphic design work produced there, mostly because of the students' high level of risk taking and experimentation. Regardless of the methodologies used (some far more interesting than what is expressed in the work), it is their sheer energy and sincere interest in graphic design as a creative discipline that I am attracted to. And although not everything they produce is of the same quality (some work I find downright ugly), the work usually manages to offer something new, raise questions, or make me laugh.

Over the past eight or nine issues, *Emigre* has often featured work by Cranbrook students and alumni alike. *Emigre* №10, published in 1989, was designed, written and produced entirely by the graduate design students.

Just recently a young undergraduate design student from a large university somewhere in the Midwest called me. He had picked up on my bias towards Cranbrook and asked me whether I thought that any of these "convention-and rule-breaking students at Cranbrook" were ever concerned about contributing in a "positive" way to our culture, instead of always breaking rules. He seemed both mad and frustrated. Mad, I believe, perhaps because he didn't understand this type of work, and frustrated (I found out later) because the school he attended left little room for such personal expression. After suggesting that he should address his question directly to the Cranbrook students, I did feel a need to inform him that, in my eyes, rule-breaking per se was not the goal. I told him that these graphic designers were trying to find their personal voice and were simply intrigued by the never-ending search for alternative ways to communicate visually and verbally. What better place to do this than in a graduate design program? I also mentioned that he should remember that the conventions and rules that exist within graphic design are not exactly carved in stone and that it is valid to question the necessity of these rules or at least wonder about how and why these rules were established in the first place. Graphic design is not like architecture, where, for example, if you don't follow certain regulations, a building might collapse and kill people.

This doesn't mean that anything goes in graphic design. In the end, it is the designer's goal to communicate messages. But simple common sense is as good a rule to abide by as any.

After my conversation with this student, I decided that this issue of *Emigre* should be devoted to graphic designers who experiment -- designers who are fascinated by the idea of what graphic design would be like if we didn't adhere to the existing rules. It would be an iconoclastic issue. "Why do we experiment?" would be the million dollar question.

However, during my three days at Cranbrook, another interesting notion came into the picture. Whenever the question arose of what the future of graphic design had in store, the students expressed a need to return to simpler, more direct ways of expression. This need had come partially as a reaction to ten years of very intense experimentation with complex typographic and pictorial structuring at Cranbrook (beautifully elaborated upon and illustrated in the recently published book *Cranbrook Design: The New Discourse*). The current students, though, felt a need to take inventory and start with a clean slate. Such a reaction sounded familiar. After creating some of the most unconventional (rule-breaking) page layouts for the British *The Face magazine*, Neville Brody eventually returned to the very basics of graphic design or, as Keith Robertson writes in the following article, "the safe refuge of the International Style." When visiting Wolfgang Weingart last year, I was amazed when he showed me examples of his most recent work. They were simple typographic designs bearing little resemblance to his earlier layered typographic experiments. Dan Friedman, one of the initiators of American New Wave, is currently entirely satisfied with creating what some might consider non-design. The book *Artificial Nature*, which he designed in 1990, consists primarily of full bleed photographs with short captions set in Futura bold, set in horizontal black rectangles which are each centered in the middle of the page. Even Jan Tschichold, after setting the design world on fire with his manifesto *Die Neue Typographie* (what is considered a safe refuge now was then the most radical approach to graphic design imaginable), would later return to an even safer refuge: classical, center-axis typography. There are numerous other graphic designers I can think of who have traveled this path.

Is this a natural course that designers who experiment inevitably take? Does all experimentation in graphic design lead to the simplification of graphic design? Are graphic designers who concern themselves with complex solutions merely slow learners who try out the wildest schemes only to come to one conclusion, that less is more? Since we usually raise more questions with *Emigre* than we can answer, this seemed to be a topic right up our alley.

Rudy VanderLans

La Template Gothic (1990), de Barry Deck, estaba inspirada en un cartel de la lavandería en la que Deck solía hacer la colada. El letrero había sido confeccionado con plantillas. El diseño de Deck reflejaba su interés por los "tipos que no son perfectos".

Fue en este mismo periodo cuando algunos diseñadores, como Neville Brody (1957-), empezaron a cuestionar la ortodoxia tipográfica. El trabajo de Brody para la revista *The Face* puso patas arriba las nociones heredadas de claridad y legibilidad y fue el precursor de la (anti)estética *grunge* que, más adelante, en la década de 1990, dominaría el diseño tipográfico. Estos tipos, que combinaban y reutilizaban otros ya existentes, eran deliberadamente toscos y defectuosos, o se inspiraban en ejemplos vernáculos y "encontrados". Representaban un desafío directo a la idea convencional de que los tipos debían ser una especie de "copa de cristal" o contenedor transparente del significado. En lugar de ello, el diseñador rivalizaba con el autor por el control del texto y el lector se veía implicado en un proceso activo de interpretación. Las fundiciones tipográficas digitales, como Emigre o Bitstream, que publicaban gran parte de este trabajo experimental, aprovecharon el creciente mercado que se abrió para el diseño tipográfico original.

A la vez, empezó a diseñarse una serie de nuevos tipos concebidos especialmente para la pantalla. Estos pueden ser de mapa de bits o de contornos. Las llamadas fuentes de mapa de bits (*bitmap*), compuestas por píxeles, están diseñadas para usarse a un tamaño concreto y cuanto más se amplían los caracteres, más evidente resulta su geometría digital, es decir, los píxeles que las componen. Las de contornos pueden reproducirse a cualquier tamaño y siempre con buena resolución, pero tienen la desventaja de que pueden resultar difíciles de leer en pantalla a tamaños pequeños. La familia Lo-Res (2001) de Zuzana Licko (1961-) hace referencia específica a esa base geométrica propia de los tipos para pantalla. A principios de la década de 1990, Microsoft encargó al diseñador inglés Matthew Carter (1961-), que se había formado como abridor de punzones, que diseñase tipos para pantalla para uso exclusivo de sus productos informáticos. Georgia (1996) es una palo seco para pantalla de aspecto tradicional que también funciona bien impresa. Verdana (1996), también de palo seco, se ha convertido en un referente en la red. Su gran altura de la *x* contribuye a su legibilidad en pantalla, así como el hecho de que sus caracteres nunca entren en contacto unos con otros. La era digital ha supuesto una verdadera explosión tipográfica. En unas pocas décadas, se han diseñado más tipos que en toda la historia anterior de la tipografía, gracias a la ayuda del *software*, lo que permite a cualquier persona interesada crear sus propios tipos a medida. Siglos después del invento de Gutenberg, la tipografía es hoy un producto cultural de masas con millones de usuarios.

La familia Lo-Res, de Zuzana Licko, se creó originalmente en el ordenador Apple Macintosh, que acababa de salir al mercado, y utilizando *software* de dominio público. Aunque en un inicio se consideraron demasiado idiosincrásicos, estos tipos de obvio pixelado han experimentado un reciente *revival* por diversas razones culturales y estilísticas. Licko se inspira también en diseños clásicos para su trabajo tipográfico. Mrs Eaves, su reinterpretación de la Baskerville, está entre los diseños más populares y más vendidos de Emigre.

Emperor 8

Oakland 8

Emigre 10

Universal 19

En 1984, el Deutsche Bundespost (servicio postal alemán) encargó a Erik Spiekermann (1947-) el diseño de un tipo para la empresa, que en aquel entonces contaba con el mayor número de empleados de toda Europa. Uno de los requisitos es que debía funcionar bien cuando se imprimiera a tamaño pequeño y sobre papel de mala calidad. Estos bocetos del símbolo *ampersand* (&) muestran parte del proceso de diseño de dicha letra, llamada PT55. Pese a todo, el cliente decidió no cambiar el tipo corporativo que ya utilizaba (Helvetica) y el proyecto se canceló. Sin embargo, la PT55, publicada y rebautizada como FF Meta, se convirtió en una de las fuentes más populares de la década de 1990.

Georgia
Georgia italic
Georgia bold
Georgia italic

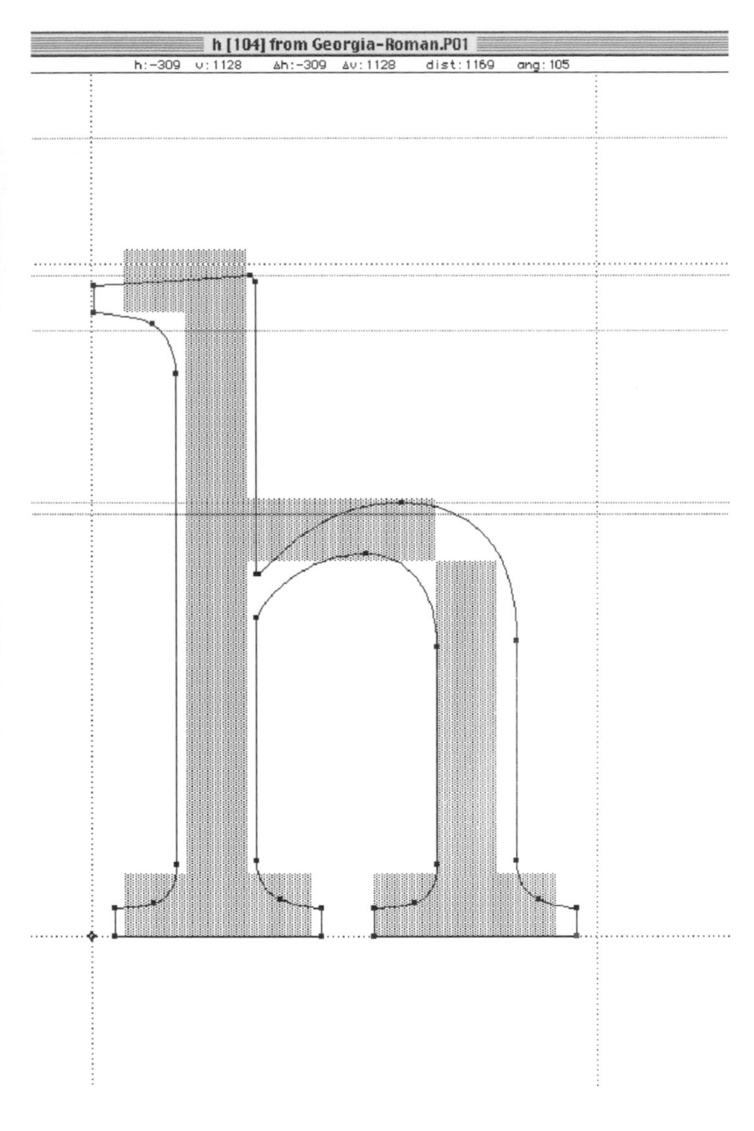

La Georgia (1996) fue diseñada por el celebrado diseñador de tipos de origen británico Matthew Carter, formado inicialmente como punzonista en una fundición tipográfica holandesa. Carter acabó siendo uno de los fundadores de Bitstream, una de las primeras empresas dedicadas a desarrollar tipos digitales para pantalla. Mediada la década de 1990, con la proliferación de usuarios de Internet y del correo electrónico, Microsoft decidió encargar una serie de fuentes tipográficas para incluirlas en su *software* Windows. La Georgia fue una de ellas. Uno de los mayores retos fue lograr que sus remates no le confirieran una apariencia demasiado pesada.

Verdana
Verdana italic
Verdana bold
Verdana bold italic

La Verdana (1996), una palo seco diseñada por Matthew Carter para Microsoft, fue una de las creaciones de diseño decisivas en la década de 1990 y no tardó en convertirse en la letra para pantalla omnipresente en la red. Carter empezó por centrarse en los caracteres que más se prestan a confusión: las letras *i*, *j*, *l* y el número *1*. También dedicó especial atención al espaciado. El resultado fue un tipo para pantalla de enorme nitidez.

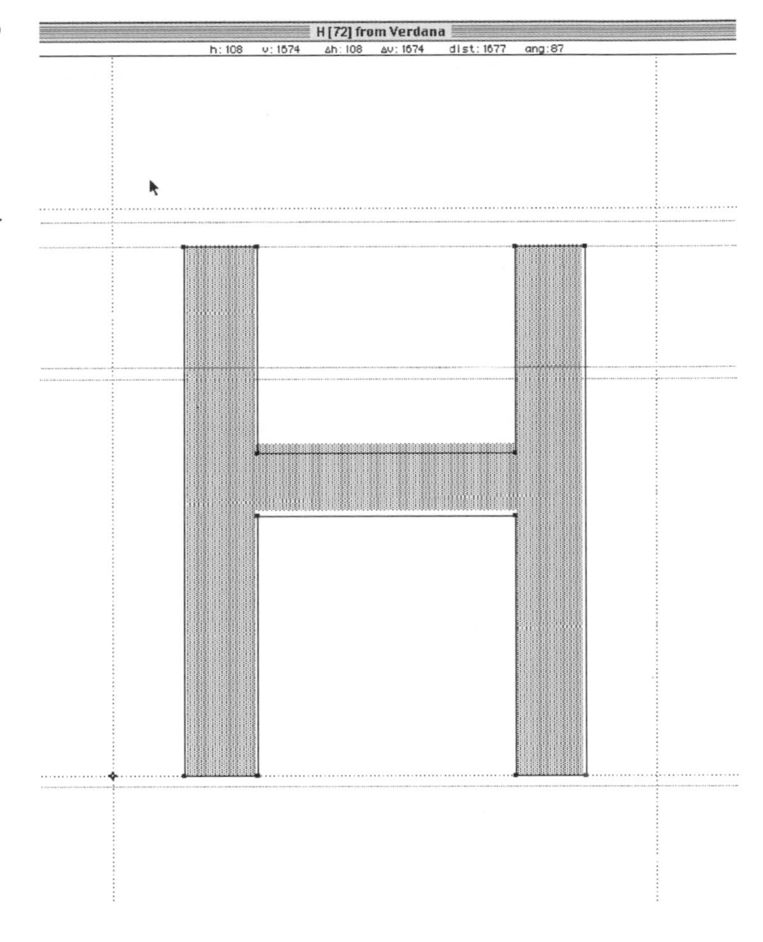

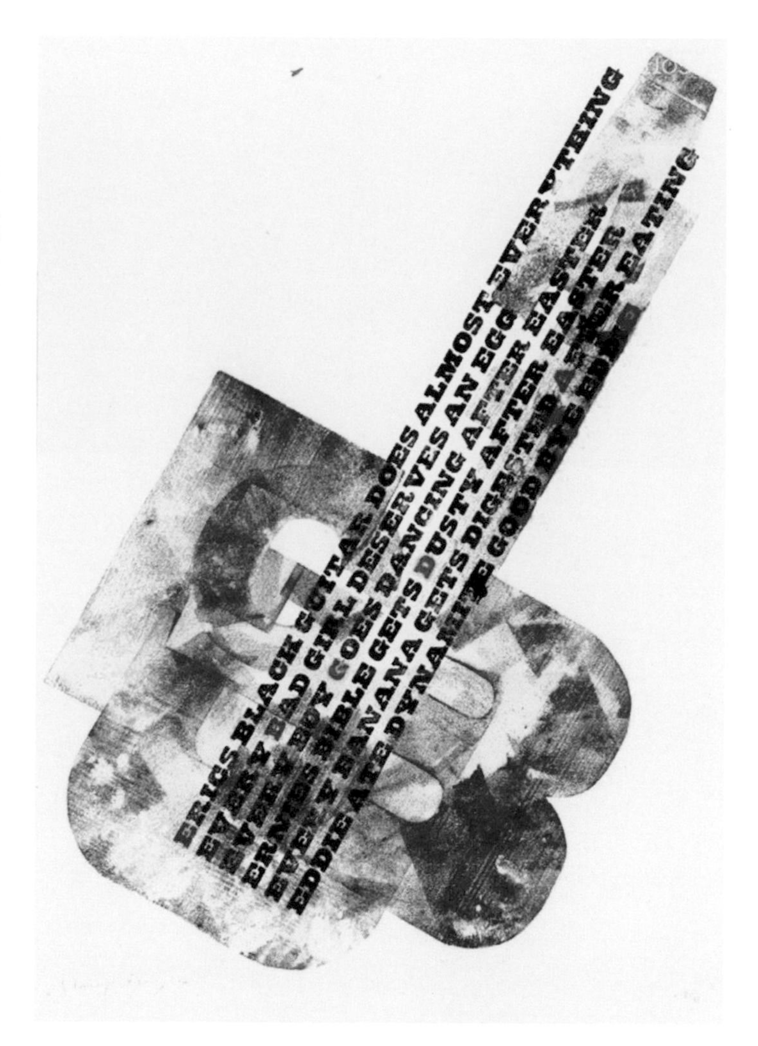

Izquierda: *Homage to Hendrix* (2008) es una lámina de impresión tipográfica de edición limitada, obra del tipógrafo inglés Alan Kitching (1940-), que presenta textos sobreimpresos y entintado manual. Esta impresión fue un encargo realizado por empleados de Design Bridge para hacer un regalo a un colega, aficionado a tocar la guitarra, que dejaba la agencia. Las seis líneas de texto que evocan la serie de cuerdas fueron proporcionadas por el cliente.

Página siguiente: *Rainforest AFLOR* (1999), también de Alan Kitching, está inspirado en la selva tropical brasileña. Los tipos de madera empleados para la impresión procedían de una colección que había permanecido almacenada en una estantería apoyada contra la pared húmeda de un establo. En la textura de impresión puede apreciarse perfectamente el deterioro sufrido por la madera.

Spud AF

Aa Bb Cc Dd Ee Ff Gg
Hh Ii Jj Kk Ll Mm Nn
Oo Pp Qq Rr Ss Tt Uu
Vv Ww Xx Yy Zz
1 2 3 4 5 6 7
8 9 0 ¼ ½ ¾
£ € $ ¢ ¥ ¤ @ % ‰ ^ & *
! ¡ ? ¿ / \ / | ‹ › « » ° ` ~
“ ” ‘ ’ ' . : ; ¦ , … – — _ ® © ™
( ) { } [ ] + - × ÷ = ± #
Àà Áá Ää Ââ Åå Ãã
Èè Éé Ëë Êê Ææ Œœ
Ìì Íí Ïï Îî Çç Ññ ß Ÿÿ Łł
Øø Òò Óó Öö Ôô Õõ
Ùù Úú Üü Ûû Žž Šš Þþ Đð

copyright Andrew Foster 2009

Página anterior: El ilustrador y diseñador británico Andrew Foster creó su Spud AF (2009) tallando los caracteres en patatas, entintándolos e imprimiéndolos después. Este tipo de palo seco de aire desaliñado convierte en virtudes sus irregularidades e imperfecciones.

Abajo: La Ecofont, desarrollada por la agencia de comunicación creativa holandesa Spranq, está diseñada para ahorrar tinta o tóner —entre un 15 y un 20 % más que otros tipos—. El desafío radicaba en averiguar qué proporción de cada letra podía eliminarse sin que disminuyera su legibilidad.

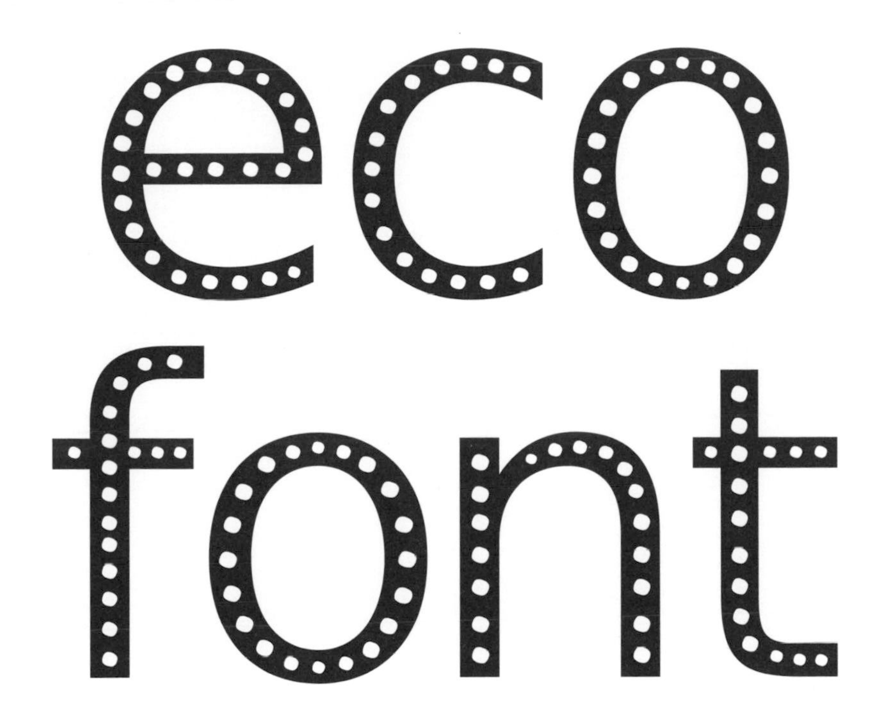

Caso práctico:
Priori

Diseño:
Jonathan Barnbrook

. SOME . OF . US . WILL . ALWAYS . STAY BEHIND .
. DOWN . IN . SPACE . IT'S . ALWAYS . 1982 .
. THE . JOKE . WE . ALWAYS . KNEW .

Entrevista con Jonathan Barnbrook y Marcus Leis Allion

Jonathan Barnbrook es uno de los estudios creativos más conocidos de Gran Bretaña, señalado por su innovador tratamiento de producción de libros, identidades corporativas, carátulas de CD, diseños tipográficos a medida, sitios web y revistas. Se trata de un estudio multidisciplinar que combina diseño gráfico, diseño de tipos y animación gráfica y que trabaja tanto en el ámbito comercial como en el no comercial. Su clientela engloba desde la Saatchi Gallery (Londres) hasta el colectivo anticorporaciones Adbusters, pasando por Damien Hirst y David Bowie o la BBC Radio Scotland y el Mori Arts Center de Tokio. El estudio también produce proyectos propios, como las fuentes originales que comercializa a través de VirusFonts, y que se usan ampliamente en todo el mundo.

Jonathan Barnbrook (1966-), que fundó el estudio en 1990, se licenció en diseño gráfico en el St Martins College of Art and Design de Londres y cursó un posgrado en el Royal College of Art. Su influyente trabajo, muchas veces controvertido, abunda en declaraciones contundentes y provocativas sobre la cultura corporativa, la política y el consumismo, mientras que sus diseños tipográficos originales, entre los que destacan las familias Mason (distribuida inicialmente como Manson), Exocet, Bastard y Prozac, despliegan una interacción subversiva entre lenguaje, significado y formas tipográficas.

Marcus Leis Allion (1971-) lleva trabajando con Barnbrook desde 2001 y ha desempeñado un papel determinante en la creación de muchos de los tipos comercializados con el sello VirusFonts, Priori entre ellos. Estudió diseño gráfico en el Nene College de Northampton, de donde pasó a diseñar carátulas de discos para la discográfica independiente Fuel. Hoy es director de arte de LOCA Records y dirige también su propia fundición tipográfica, UNDT.

JB Supongo que lo primero sobre lo que deberíamos hablar es sobre la idea que impulsó el diseño de este tipo. Su nombre viene de la expresión "a priori", que designa el modelo previo de un objeto que la gente tiene en su cabeza y que le permite reconocerlo en cuanto lo ve. Cuando ves un zapato, por ejemplo, lo comparas con el modelo mental que ya posees de tal objeto y lo identificas como un zapato. Esa operación constituye el fundamento de este diseño: un tipo de letra con una serie de formas ideales en el que cambia la parte decorativa de las letras pero no su estructura básica. De modo que puedes tener una *script*, una de palo seco o una con remates, pero todas comparten el mismo tipo de estructura, lo que las hace intercambiables. Si se usan las versiones de palo seco y con remates en una misma publicación, se supone que, tipográficamente, esta funcionará mejor. Ese es el origen del nombre.

¿Teníais en mente algún tipo de aplicación específica?

JB Inicialmente, la Priori surgió cuando nos invitaron a participar en un concurso para diseñar un tipo para la ciudad de Glasgow, nombrada City of Architecture and Design (Ciudad de la Arquitectura y el Diseño) en 1999. No obstante, se trataba de una idea que me rondaba por la cabeza desde hacía ya tiempo. Siempre había especulado con el proyecto de diseñar un tipo que fuese muy británico y que reflejase el entorno que nos rodea aquí, en Londres: que hiciese referencia a cosas como Eric Gill, las inscripciones de los monumentos bélicos conmemorativos y los rótulos y letreros que se ven en las calles.

MLA También supuso un desarrollo de las ideas que nos había suscitado el diseño de la Manson. Aunque la Priori constituye una aplicación de algunos de los conceptos asociados con el diseño tipográfico de libros, también pretende cuestionar algunos de los ideales de esa disciplina.

JB La alusión a Eric Gill es muy patente: la atmósfera de sus tipos y esa idea de lo "genuinamente británico"... todo ello parece querer evocar algo de lo que también yo quiero imbuir mi trabajo, si bien creo que, en el caso de Gill, se trataba de un proceso mucho menos consciente.

Al igual que Gill, también tú has trabajado con inscripción en piedra, ¿es así?

JB Sí, algo hice con David Kindersley [cincelador y tipógrafo británico, 1915-1995] y también asistí a un curso de inscripción en piedra en Exeter. No puedo decir que se me diera muy bien, y tampoco realizábamos copias manuales de inscripciones (usábamos máquinas y la mecánica condicionaba la estética). Pero me interesa mucho ese ámbito de la tipografía. Como diseñador gráfico, lo que uno produce es muy efímero, muy "de usar y tirar". Tallar la piedra constituye una manera muy distinta de abordar una pieza, porque dura para siempre. Se dice que las letras con remates derivan de la inscripción en piedra... esa es una de las teorías. Cuando dibujas un tipo, en mi opinión es importante conocer la historia de la disciplina, porque te permite experimentar más. Si tienes en cuenta que las cosas se dibujaban con un pincel o se cincelaban, entonces no harás lo habitual, que es ir al ordenador y crear un diseño de tipo modular.

Esa relación con la mano aporta una especie de tensión, ¿no creéis?

JB La forma de las letras deriva en gran medida de la manera en que la gente dibujaba a mano. Llevarlas al ordenador ha afectado a su estética, eso es comprensible. Pero no creo que uno pueda desarrollar una comprensión adecuada de las letras sin haber trabajado también con ellas de forma manual. ¿No te parece, Marcus?

MLA No, no estoy de acuerdo. Creo que esas nociones sobre los orígenes impiden nuevas posibilidades tipográficas, porque se parte de convenciones ya aceptadas. Esa postura también parece sugerir que existe solo una tipografía "auténtica" y que todo lo demás deriva de ella y es secundario... Lo que implicaría a su vez, por ejemplo, que el ordenador no merece crédito alguno por haber surgido *después* que la mano. Creo que es mucho más productivo pensar en términos de tecnologías e intenciones.

¿Dibujáis primero a mano?

MLA A veces.

JB Hago algún que otro boceto, pero poco definido. No soy muy bueno técnicamente. Lo que yo quería señalar es que hay quien acude inmediatamente al ordenador y piensa que todo va a salir a la primera, cuando no es así. Esa es solo una manera de trabajar. Yo no me considero un diseñador de tipos tradicional, de los que se sientan en la silla y lo dibujan todo de manera muy técnica. Me parece importante que los primeros bocetos que uno haga mantengan cierta aspereza e inconcreción. Para lo que sí es muy bueno el ordenador es para pulir y refinar: en la medida en que produce las cosas en término absoluto negativo o positivo, también permite verlas de inmediato, algo que al principio puede resultar bastante doloroso. El ordenador también permite que exista un proceso de *collage*. Aunque se da por hecho que uno no va a importar diseños ajenos, siempre puede remitirse a fuentes tipográficas históricas o contemporáneas y combinarlo todo.

MLA Me parece muy interesante el concepto de propiedad. Ser capaz de copiar algún otro diseño es la base de la creatividad. Lo que John llamaría un "enfoque posmoderno" de la tipografía se puede ejemplificar perfectamente con el surgimiento del *hip hop*. Aun cuando el *hip hop sampleó* —o copió— la música de otros artistas, lo hizo recodificando sus significantes contextuales, representándolos de forma novedosa e interesante. Los procedimientos digitales facilitan mucho desarrollar un tratamiento parecido con la tipografía. La Prototype [1995] de Jonathan constituye una prueba excelente de ello. Sin embargo, debido a los malentendidos sobre cuestiones de propiedad intelectual y a los propios mecanismos de autosupervisión profesional, las oportunidades de repensar la tipografía se ven sumamente restringidas. Creo que hay margen para abrir ese debate todavía mucho más.

JB En nuestro libro [*The Barnbrook Bible,* 2007] repasamos algunos de los caracteres de la Priori y analizamos por qué tienen el aspecto que tienen. Por ejemplo, la *P* remite a experimentos de Herbert Bayer [tipógrafo de la Bauhaus] y la *A* procede de la Futura. Queríamos evidenciar que los caracteres tipográficos están plagados de este tipo de referencias. Me parece importante que la gente pueda apreciar cómo uno, cuando diseña, tiende a hacer referencias a su paisaje personal.

Aparte de por su toque "genuinamente británico" ¿cómo describiríais vuestro "paisaje"?

JB Como algo que permanece fiel al sitio del que procedes... pero que también quieres poner en las cosas que te interesan. La relación con el lenguaje también es importante para mí. Cuando dibujamos letras, deberíamos ser conscientes de cómo se utiliza el lenguaje para ser violento o seductor, o incluso para no transmitir ningún significado en absoluto.

Entonces, de los bocetos pasáis más o menos directamente al ordenador para pulirlos. ¿Qué es lo que pulís?

MLA Hay diversas maneras de dibujar caracteres para dirigir el modo en que se perciben sus formas. Un círculo de apariencia perfecta raramente es un círculo matemáticamente perfecto, por no decir nunca. Por ejemplo, si giramos noventa grados la letra *O* de la Futura de Paul Renner, empezaremos a ver la meticulosidad con la que se trazó el carácter en términos de percepción. Por lo tanto, si el diseñador está interesado en obtener un color uniforme en las letras de un tipo, deberá comparar constantemente las combinaciones de carácter y espacio que genera. Esta valoración tendrá que realizarse en diversos niveles y teniendo en cuenta cualquier limitación contextual.

¿Eso se debe a que son tantos los componentes que comparten cada una de las letras?

MLA Sí, si pruebas a imaginar que tomas una *W*, que es bastante ancha y normalmente consta de cuatro trazos, y la comparas con una *I*, formada por un único trazo, lo que estás haciendo es equilibrar el peso visual entre ambas. En este caso, la *W* se creará usando unos trazos ligeramente más finos, que pueden incluso afinarse aún más en los puntos donde se unen o donde se superponen. En este sentido, refinar significa equilibrar los elementos para crear un gris uniforme en la página, de manera que ningún carácter chirríe porque sea más grueso o porque no se adecue al tono que desea transmitir el tipo.

Las cosas se complican en los pesos más gruesos, porque te ves obligado a dividir tus esfuerzos entre el objetivo de lograr un espesor suficiente en todos los caracteres y el de evitar que se distorsione demasiado el diseño del tipo. Puedes hacer muchas cosas, como introducir trampas de tinta.

¿Qué es una trampa de tinta?

MLA Cuando Matthew Carter trabajó en los listines telefónicos de Bell, prestó especial atención a la relación entre los tipos y el proceso de producción que se empleaba para imprimirlos: en ese caso se trataba de una Bell Gothic impresa sobre papel prensa en una máquina de gran velocidad. El principal problema lo causaba el corrimiento de la tinta, lo que suponía que muchas de las contraformas de los caracteres se empastaban, sobre todo en los tamaños más pequeños. El nuevo diseño de Carter [la Bell Centennial, 1974] tuvo en cuenta estas limitaciones e incorporó las trampas de tinta. Al imprimir, estas muescas en las uniones de los trazos se rellenaban con el exceso de tinta, lo que generaba unos caracteres más nítidos y menos propensos a empastarse.

JB Una cosa que hay que tener en cuenta es que un tipo está compuesto por una serie de caracteres, no por uno solo. Siempre hay que pensar en cómo se relaciona cada uno de ellos con los demás. Se trata de combinar el plano estético con el técnico. Puesto que una letra puede ser tan grande o tan pequeña como se desee, hay que insistir hasta encontrar alguna clase de camino intermedio. Cuando desarrollas un diseño como el de la Priori, tienes que asegurarte de que cuando compongas el tipo a ocho puntos no desaparecerán las partes más finas y, al mismo tiempo, de que cuando sea mucho mayor, su aspecto no resulte demasiado tosco. La primera vez que lo intentas no suele salir bien. Solo acabas logrando lo que deseas comparando las letras y comparando también el espaciado.

La Priori es vuestro diseño tipográfico más completo, ¿no?

MLA Volviendo a lo que ha dicho antes Jonathan, es extenso en el sentido de que nunca termina. Ya tiene un juego adicional de caracteres y ese juego puede volver a ampliarse. Por ejemplo, la *A*, en caja alta, del juego adicional tiene la barra horizontal caída al pie, lo que remite al alfabeto cirílico, una influencia patente en Jon desde hace años. Sin embargo, ese elemento puede moverse, escalarse o sustituirse por otros para generar otro carácter distinto, de modo que siempre permanece abierto. A ello hay que sumar los distintos estilos que pueden aplicársele. Son distintos ropajes para una misma estructura básica. Pero esos ropajes, ese estilo, afectarán también a la estructura, por lo que siempre se produce una interacción entre ambos.

Cuando salió la Priori, en algunas webs sobre tipografía se generaron interesantes debates. Nosotros la hemos utilizado como letra para textos de lectura continua, pero hubo quien mostró su desdén hacia ella porque no funciona como suele hacerlo esa clase de diseños desde un puno de vista tradicional. Así que, al aparecer, la Priori trastocó un poco todos esos límites, si puede decirse así. Esa suerte de guardianes conservadores de la pureza harían bien en repasar la historia de la evolución de los tipos para libros y de las fuerzas que la han regido.

JB Volviendo a lo básico, el objetivo de diseñar tipos es dotar a un texto de un tono de voz determinado, decir algo de una manera que nunca se haya dicho antes y, en cierto modo, expresar el espíritu de nuestro tiempo. En tipografía, puedes expresarte a través de las formas de las letras, pero siempre dentro de unos límites bastante estrictos. Cualquier ligero cambio puede alterar completamente el tono de voz.

Eso es importante, sobre todo en un momento en que existe una sobreabundancia de mensajes a nuestro alrededor.

JB ¡Sí! El conflicto entre la expresión visual y la expresión del pensamiento conceptual es lo que más me fascina. Pero también el hecho de crear algo hermoso. Las letras tienen un enorme potencial de belleza. La Priori está relacionada con muchas letras históricas de tipo romano. La autoridad que poseen me resulta muy interesante. Y también el hecho de que la gente crea más una cosa cuando la ve impresa en un tipo determinado que cuando la ve impresa en otro.

¿Cuánto se tarda?

JB ¡Meses! Depende del tipo. Un diseño sencillo para titulares y destacados siempre llevará menos tiempo que uno como el de la Priori.

MLA La Priori nos llevó unos dieciocho meses, quizás algo más. Pero durante ese tiempo el estudio también llevó a cabo otros trabajos.

JB Es importante no desalentar a la gente. Cuando piensen en dibujar letras no es necesario que creen una familia entera, solo unos cuantos caracteres.

¿Por qué carácter soléis empezar?

JB Yo empiezo por una idea.

Pero cuando ya tienes la idea, ¿por cuál de ellos comienzas?

JB Depende de la idea.

Matthew Carter afirma que él suele empezar por las haches y que después sigue con las oes.

MLA La *h* y la *o* son útiles porque contienen una serie de rasgos —como la anchura, el asta ascendente o la modulación, y otros tantos— que proporcionan una buena indicación sobre la dirección general que debe tomarse al diseñar un tipo. Con todo, nosotros tendemos a trabajar con palabras, frases o ideas que nos parecen interesantes y tratamos de expresarlas de forma visual. Por ejemplo, la noción de "a priori" se convierte en una manera de pensar y trabajamos con esa idea en combinación con otras. Curiosamente, estas ideas pueden no expresarse como tales muchas veces, pero acaban aflorando a partir del propio proceso de diseño y de una manera determinada de concebir el mundo.

¿Sabéis qué aplicaciones ha tenido la Priori?

JB ¡Pregunta de concurso! Se ha usado en varios libros. Nosotros la utilizamos para unas cuantas identidades corporativas. Y también para el álbum *Heathen* [2002] de David Bowie. Diseñamos varios títulos para el álbum basándonos en la Priori y, además, la usamos para los textos del interior.

MLA También utilizamos una versión de la Priori en el diseño de la identidad de Roppongi Hills [un centro comercial deTokio].

JB El complejo de Roppongi Hills abarca el Mori Arts Center, de modo que usamos la versión con remates para la identidad principal de

Roppongi Hills y la de palo seco para los textos secundarios. También tendemos a usar siempre la Priori para los textos del estudio. Hubo un tiempo en el que me negaba a usar ninguno de mis diseños, pero eso cambió con la Priori. Me parece un tipo muy legible y eso es algo que merece la pena señalar: no tiene sentido diseñar tipos pensando en qué es lo que vende y lo que no vende. Creo que hay que diseñar cosas que usarías tú. Esa es la mejor manera de trabajar. O bien hacer algo que te resulte original, que sea un experimento.

Si lo que vas a crear es una voz, ¿debería ser tu propia voz?

JB No necesariamente. Puede ser como escribir una canción en la que adoptas un punto de vista concreto, que no tiene por qué ser el tuyo propio. Puedes ser bastante radical. Cuando publicamos nuestros trabajos más experimentales, no solemos pensar demasiado en si la gente los va a comprar o no. Se trata de que nos convenzan a nosotros.

¿Os molesta que se usen vuestras fuentes en productos que os desagradan?

JB Resulta bastante curioso, me parece. ¿A ti te molesta, Marcus?

MLA Antes sí, ahora supongo que ya no. En cierto modo, es bastante halagador. Pero me parece que al principio tenía una opinión parecida a la de Jonathan, en el sentido de que sentía que se estaba desdeñando el aspecto conceptual de los diseños y eso resultaba muy frustrante, porque siempre se sacaba de contexto y no había manera de controlar ese contexto.

JB Resulta bastante curioso que la gente se quede con el aspecto más obvio de un tipo, como sucede con el hecho de que la Mason [1992] o la Exocet [1991] se hayan identificado con la cultura de los jóvenes góticos. Diseñar un tipo es mucho más complicado que eso.

Habéis dicho que es necesario aprenderse perfectamente las reglas antes de poder quebrantarlas.

JB No necesariamente. Siempre debería existir la posibilidad de no saber nada y, aun así, crear algo emocionante. No debería ser algo tan estricto. Lo mejor es ponerse a ello. Me preocupa que a mucha gente le intimide el diseño de tipos porque lo ven como algo muy técnico y tedioso. Se trata de letras, de algo muy expresivo.

MLA Me da la impresión de que el término "tipografía" se suele asociar a los tipos para libros y al concepto de claridad. El resto de la tipografía se define, se aborda y se juzga en función de esa idea dominante. Creo que algo puede ser sumamente ameno y entretenido y seguir siendo tipografía. Además, ya se han hecho muchísimas cosas antes. La historia no es solo una fuente a la que recurrir, sino también una buena herramienta para comprender la disciplina y poder cuestionarla. Puede proporcionarnos fantásticas reflexiones y conocimientos y, en ese sentido, supone también una cura de humildad.

Además de la Gill, ¿qué otros tipos os gustan?

JB Los de estilo gótico tienen gran importancia para mí.

En parte sirvieron como fuente de inspiración para la Bastard [1990], ¿no es cierto?

JB Sí, pero además me gustan por ser diseños sumamente adornados, lo que contradice de lleno los preceptos de claridad y legibilidad a los que todo el mundo dice que debe acogerse todo lo que uno lee y emplea para componer textos. También rebosan personalidad e historia.

Resultan también formas bastante amenazadoras, en cierto modo...

JB Sí, su asociación con el nazismo es muy fuerte y es una de las razones por las que decidimos bautizarla como Bastard. Antes, cuando se hablaba de los tipos góticos, se prescindía totalmente de esa asociación para centrarse en la historia. Aun así, pienso que ese es un aspecto cultural interesante de dichos tipos, no algo que haya que dejar de lado por delicadeza. Las tipos góticos gozaron también de gran popularidad en la época victoriana, cuando se usaban para vincular las nociones de artesanía y tecnología. Se alcanzó un punto en que la ornamentación profusa convivía con la producción en serie, y eso no funcionaba. Algún nuevo lenguaje visual tenía que surgir a partir de ello. Me hace bastante gracia lo excesivo, rozando lo hortera, de los tipos góticos. A finales de la era posmoderna, cuando diseñamos la Bastard, nos parecía normal ir hasta el límite y ser extremadamente decorativos. Pero se trataba también de poner de manifiesto sus contradicciones.

La Johnston es otra de las familias fundamentales para mí. Su base es muy clásica y, al tiempo, muy contemporánea, además de respirar ese aire londinense por sus cuatro costados. Si rediseñasen la señalización del metro de Londres en Helvetica, Londres saldría perdiendo mucho. Aun así, pienso que, después de su rediseño, la Johnston ya no es tan bonita como antes.

Luego está la Template Gothic [1990], de Barry Deck. Es un tipo vernáculo que supuestamente vio en una vieja lavandería y que luego dibujó. Estaba bastante mal trazado y resultaba algo basto, pero procedía de su entorno y parecía expresar algo del espíritu de principios de los noventa. En cuanto a tipógrafos contemporáneos, una de las mejores es Zuzana Licko, en mi opinión.

¿Qué tipos odiáis?

JB Cuando era más joven odiaba la Helvetica. Esa fue la razón básica por la que me puse a diseñar tipos, porque me parecía que carecía de personalidad y que arrinconaba al resto de los tipos de letra. La culpa no era de la Helvetica, sino de la vagancia de los diseñadores. Para mí, el problema residía en las fuertes asociaciones que suscitaba la Helvetica. Los profesores nos decían: “Usad esta fuente, que es limpia y legible”, y uno les respondía: “Ni hablar, tiene un rollo muy de los cincuenta y del movimiento moderno”. Y te replicaban: “¿De qué estás hablando? Es legible”.

Mi interés por la tipografía nace de una reacción frontal contra eso, porque me di cuenta de que la disciplina tenía que ver con el lenguaje y la historia y con crear una atmósfera. A mí, la Helvetica me recordaba a las oficinas del subsidio de desempleo. La letra *r* de la Helvetica me irrita. Me parece horrible.

¿Crees que eso se debe a que cuando apareció la Helvetica, a finales de la década de 1950, la adoptaron grandes corporaciones?

JB Sí, y también se apropiaron de la ideología moderna, que originalmente era bastante utópica. Corría 1988 cuando empecé a dibujar tipos y por entonces había algo de actitud *rock-and-roll* en aquella actividad. Suena ridículo, pero reaccionábamos contra todo aquello. Era la primera vez que la gente tenía acceso a un *software* que permitía hacerlo. Éramos como los grupos que hacían y producían su propia música. Algunos tipos duraban un par de meses y después su popularidad se desvanecía. Otros duraban un poco más.

Parece que existe un grupo de personas que piensa que la tipografía debería ser algo totalmente diáfano y transparente.

JB Pues no puede serlo, ¿no? En el documental sobre la Helvetica quedaba claro: la gente la adora o la odia, y tiene que existir una razón para esa diferencia de opiniones.

Cuando era joven, siempre nos ponían como ejemplo paradigmático de una letra hermosa la de la inscripción de la Columna Trajana. En las clases de tipografía nos pedían que tratásemos de lograr esas proporciones maravillosas. Pero, insisto, tan pronto alguien afirma una cosa como esa, tienes que reaccionar contra ello, de ahí que pronto surgiera una marcada tendencia a diseñar tipos "mal hechos" y a introducir elementos subversivos o contestatarios.

Gran parte de los trabajos de la década de 1990 resultan difíciles de leer.

MLA Pero eso puede haberse hecho aposta, para confundir, sorprender o poner algo en cuestión. Eso es precisamente lo que creo que hace bien este estudio. Siempre cuestiona todos esos conceptos dados por supuesto, en vez de descartarlos simplemente. Cuando se asevera que la Helvetica es el diseño más legible, no podemos sino preguntarnos: ¿y quién lo dice? Deberíamos indagar también qué otras motivaciones rigen las decisiones estéticas.

Por ejemplo, la fundición Haas contrató a Max Miediger para que crease un tipo que rivalizara con las reinterpretaciones de la Akzidenz Grotesk [una palo seco publicada en 1896] que se estaban haciendo en la década de 1950. Incluso le cambiaron el nombre, de "Neue Haas Grotesk" a "Helvetica", para facilitar su comercialización. Y, además, entró en juego una demanda general de coherencia visual que no se debió a un ideal universal de modernidad, sino a una exigencia de las corporaciones que empezaban a expandirse por todo el mundo.

JB Depende de lo que entiendas por legible. A ti puede no parecerte legible. Hay infinidad de ejemplos en los que se ha hecho algo que a lo mejor no es tan legible como uno quisiera y aun así logra transmitir el mensaje deseado al público. Son muchas y muy variadas las maneras en que la gente lee los distintos tipos de diseño.

MLA Además esa idea implica que la legibilidad es una cosa objetiva que simplemente está ahí, como si fuera algo susceptible de ser dominado y alcanzado como una forma concreta. Todos los aspectos culturales quedan soslayados.

¿Pero no existe una sensación de que sabemos de lo que estamos hablando cuando se trata de la legibilidad?

JB No creo que sea así. Pensamos que lo sabemos. ¡Quitémonos de la cabeza ese concepto científico de legibilidad! Hay quien encuentra un texto completamente ilegible cuando no le interesa. Si el mensaje no apela a un público concreto, nadie lo leerá.

¿Siempre os ha interesado la tipografía?

JB Sí, siempre. Desde que tenía unos 14 o 15 años. Me dedicaba a dibujar logotipos de grupos de música con los caracteres adecuados, porque eso les daba un tono pertinente que los relacionaba con la música del grupo. Así que supongo que ya debía de comprender entonces, de manera intuitiva, lo que puede hacer un tipo de letra, aunque no tuviera ni idea de lo que estaba haciendo yo. Creo que mucha gente ha entrado en el ámbito del diseño de la mano de la música. ¿Tú qué dices, Marcus?

MLA No en mi caso; mi interés por lo visual se centró al principio en la ilustración y el diseño de muebles y de producto. Después, cuando era estudiante, vi el diseño de la Manson, de Jonathan, y me pareció una manera muy distinta de abordar la tipografía, un enfoque mucho más ilustrativo, que jugaba con la tradición.

JB Muchos de los tipos de letra que diseñaste entonces eran bastante agresivos, ¿no es cierto? Muy políticos.

MLA Es verdad, estaba muy influido por el trabajo de Jonathan. Primero, siempre la idea. ¿Pero qué quiere decir eso? ¿Cómo trabajas con esa idea? ¿Hasta qué punto puedes problematizar las cosas? Más que resolver un problema, ¿eres capaz de crearlo?

¿Creéis que la rabia es importante en todo ello?

JB La creatividad contiene aspectos positivos y también negativos. Es una fuerza. Todo diseño gráfico es, en cierta medida, fruto del artificio. Editas una forma de lenguaje visual y la canalizas.

MLA Etiquetar determinadas ideas como iracundas o agresivas permite descartar trabajos que cuestionan la ideología dominante. Conceptos parecidos se han utilizado para explicar y restringir las acciones de otros: etiquetar a las mujeres de histéricas, por ejemplo, o llamar "ladrones" a quienes comparten música. Me parece mucho más interesante buscar y plantear preguntas que desestabilicen fundamentos. Eso supone una apertura de miras, más que una simple cerrazón.

Ese cuestionamiento está presente en la relación entre el tipo y el nombre que le asignáis.

JB Sí que lo está. Sobre todo cuando, como pasó con la Manson, se le cambia el nombre [en ese caso, por el de Mason]. Cuando se cambia el nombre, ¿afecta eso a cómo percibe el público ese diseño? Poner nombre a un tipo es muy importante, pero solo lo es para un público determinado. La mayoría de la gente no sabe qué nombres tienen las diversas letras, por lo que esa información va dirigida a los diseñadores gráficos, quienes, si son inteligentes, deberían captar lo que estás tratando de transmitir.

Me parece interesante cómo los ordenadores cambian nuestra manera de pensar.

JB La tipografía debería ser un reflejo del lenguaje, sin duda alguna. Uno se pregunta cómo va a evolucionar la tipografía en los próximos 50 años, porque, debido a la tecnología las personas son muy distintas hoy de como eran 10 o 15 años atrás. La idea de poner un emoticono en un mensaje antes me daba grima, pero ahora lo hago porque a veces te toca escribir un correo electrónico de una línea y quieres asegurarte de que la gente no piense que estás siendo sarcástico. Ese aspecto de la comunicación todavía no se ha incorporado del todo a la tipografía. El símbolo @, por ejemplo, se ha convertido en un carácter muy importante. Siempre nos aseguramos de dibujarlo bien. La gente también lee ahora de manera distinta: tendemos a leer todo por encima porque no tenemos tiempo. El tiempo que se emplea de media en ver una página web es muy reducido. Todos estos factores afectan a la tipografía.

¿Usáis retículas en vuestro trabajo?

JB En absoluto. Obviamente, en el caso de un libro, cuentas con una retícula, una anchura de columna y un tamaño de texto, pero a grandes rasgos, eso es todo. No hace ninguna falta diseñar siguiendo una retícula estricta. Y no tiene sentido usarlas por el mero hecho de hacerlo.

MLA Yo creo que cumplen su papel. Básicamente, son otra herramienta más, pero nunca me ha parecido que sea una herramienta interesante en términos de lo que puede generar. En este estudio funcionamos de la siguiente manera: "Aquí tenemos un libro. ¿Qué podemos hacer con un libro?".

JB También depende del proyecto. Si vas a entregar el trabajo a terceros, entonces puede tener algo más de sentido emplear una retícula; pero, aparte de las identidades corporativas, nuestros proyectos no suelen ser extensos, por lo que no las precisamos. Si empleas una retícula, no debe servir para limitar tu trabajo, sino para librarte del que implica estar todo el tiempo calculando parámetros.

MLA Pensar que si te limitas a dejar que el texto fluya ciñéndose a la retícula todo saldrá bien comporta riesgos. Si la retícula termina pensando por ti, es posible que ciertos detalles te pasen desapercibidos o que no seas capaz de cuestionarte si es adecuada.

¿Se tarda más en diseñar sin la ayuda de una retícula?

MLA No, existen muchos otros métodos y enfoques para diseñar textos de gran extensión.

¿Hasta qué punto ha influido trabajar por cuenta propia en vuestro enfoque de la disciplina?

JB Trabajar por cuenta propia resultó ser la manera más fácil de hacer cosas. No se trató de una elección valiente. Mientras pudiera sobrevivir, me valía. Uno puede trabajar para otros y, aun así, plantear sus puntos de vista y su filosofía, incluso en trabajos en los que no se tiene poder de decisión.

Pero trabajar por cuenta propia te permite elegir a tus clientes...

JB Sí, pero los tipos no son encargos de clientes. Son proyectos personales publicados por nosotros y en los que tomamos la iniciativa. No es que no tuviera más remedio que ponerme a dibujar tipos, ni que tomase la decisión de convertirme en diseñador tipográfico o que alguien me ofreciera ese trabajo. Fue más bien una reacción. Me considero un diseñador gráfico que crea tipos que, con un poco de suerte, otra gente usará.

¿Cómo enfocáis el trabajo con los clientes?

JB En primer lugar, deseamos que disfruten trabajando con nosotros. Eso es lo más importante. Queremos hacer algo que les satisfaga y con lo que nosotros también estemos contentos, ya sea en cuanto a su originalidad o porque el resultado nos parezca bueno. No tiene sentido dar a la gente lo que te dice que quiere, porque puede que no sean conscientes de lo que realmente quieren.

Supuestamente, cada caso es distinto, pero ¿cuál suele ser vuestro punto de partida?

JB Con los parámetros del encargo en mano, tratamos de identificar cuál es el problema que hay que resolver. Esto se puede escribir o bien abordarse de manera intuitiva. Después se plantea una especie de discusión en el estudio, se asignan tareas a cada uno o bien todos participamos en todo. De nuevo, se trata de un proceso de refinado. Puede sonar manido, pero trabajar con un cliente es como una sociedad, una colaboración, no una guerra. Opino que se puede hacer un buen trabajo y llevarse bien con la gente. No tiene por qué ser siempre una confrontación.

En cierta medida, eso resulta más fácil si tú eliges al cliente o si haces algo en lo que crees.

JB Nadie debería trabajar con gente a la que odia. No tiene sentido.

... O con gente que haga cosas que uno desaprueba.

JB Tampoco. La gente conoce nuestra filosofía, así que muchos prefieren no recurrir a nosotros de entrada. Sería una estupidez. Cuando rechazamos trabajos no lo hacemos de manera grosera. Nos limitamos a declinar la oferta de manera educada o explicamos claramente por qué. Cuando rechazamos trabajar para una gran corporación hace poco, les enviamos una lista de motivos, junto con algunos enlaces a páginas web, y nos telefonearon al día siguiente preguntándonos si nuestro correo era una broma.

¿Qué les dijisteis?

MLA Bueno, se trataba de señalar las relaciones corporativas que apoyaban y en las que estaban activamente implicados, así como lo destructivas que resultaban sus prácticas comerciales para tanta gente pobre y desfavorecida. Es obvio que todos estamos involucrados en cierto grado en las relaciones que genera el capital, pero tenemos que intentar cuestionarlas allí donde podamos. No es un tema que suela estar en primer plano muy a menudo en el diseño gráfico. Y todavía menos en el caso del diseño tipográfico.

Me juego lo que sea a que aquel correo electrónico circuló por ahí...

MLA Supongo que sí, pero no por las razones adecuadas.

Abajo: Para el concurso de diseño de un tipo para Glasgow con motivo de su elección (en 1999) como UK City of Architecture and Design (Ciudad Británica de la Arquitectura y el Diseño), Barnbrook buscó la creación de unos caracteres humanos y adecuados al contexto. La idea era generar una estructura tipográfica de la cual "colgar" después las distintas formas. Las versiones con remates y de palo seco están disponibles solo en caja baja, lo que recuerda a ciertos experimentos de principios del siglo XX cuya finalidad era hacer más lógico el alfabeto. No obstante, el proyecto se enmarca en un contexto contemporáneo, de ahí que los caracteres de Barnbrook resulten paradójicamente más "peculiares" que sencillos. La letra *g*, por ejemplo, sorprende por poco convencional.

glasgow 1999 – uk city
of architecture & design

sans serif

glasgow 1999 – uk city
of architecture & design

serif

glasgow 1999 – uk city
of architecture & design

mixing both

Abajo: En el juego de caracteres alternativos de la Priori, la *A* en caja alta, con su barra caída, recuerda al alfabeto cirílico.

Página siguiente: Diferentes ideas para ligaduras.

A a B b C c D d E e F f G g H h

I i J j K k L l M N n O o P p Q q

R r S s T t U u V v W w X x Y y

ga gf gg gh gi gi gj

gl gm gn go gr gs gt

gu gy gz ca ky pp qu

T AND F THE

Th TT R H TE TT

EZ FF FI FL LL LA

AV HT NK VA NT AH

LB LD LE LL LR LP

ST RS OO OG OC

qf qh qi ql ky pp qu

H AND F HE

R H HE HH

EZ FF FI FL LL LA

AV HT NK VA NE NE

LB LD LE LL LR LP

La Priori es una familia tipográfica señera. Está disponible en versión de palo seco y con remates. La idea que impulsó su diseño consistió en producir una serie de tipos con estilos distintos pero cuyos caracteres mantuvieran una forma estructural básica, de modo que pudiesen mezclarse en la misma palabra o en el mismo texto. La Priori, que refleja la opinión de Barnbrook sobre la importancia de ser fiel al propio entorno y a la propia experiencia cultural, presenta una fuerte influencia de la tipografía londinense de principios del siglo XX.

THIS *Serif*

IS PRIORI

In the beginning there was the WORD.

And the Word was VIRUS.

THIS ✦ sans

IS PRIORI

In the beginning there was the Word.
And the Word was **VIRUS**.

Abajo: Juegos de caracteres adicionales de la Priori.

Página siguiente: Una de las aplicaciones de la Priori fue el diseño que Barnbrook desarrolló para la identidad corporativa de Roppongi Hills, el mayor complejo urbano construido en Tokio desde la guerra y que incluye edificios residenciales, una galería de arte, un hotel, tiendas y otros equipamientos. El diseño del logotipo se basa en el concepto de "seis árboles", que es el significado literal del *kanji*, o ideograma, de "Roppongi". Existen seis versiones del logo.

Version 1 ¶ , . : ; * ½ ¼ ¾ " '

Version 2 ¶ , . : ; * ½ ¼ ¾ " '

Version 1 % ‰ i ¡ ! ? Ä Ë "Ï"

Version 2 % ‰ i ¡ ! ? Ä Ë "Ï"

Version 1 Ö Ü Ÿ ä ë 'ï' ö ü ÿ

Version 2 Ö Ü Ÿ ä ë 'ï' ö ü ÿ

roppongi hills

roppongi hills

roppongi hills

roppongi hills

roppongi hills

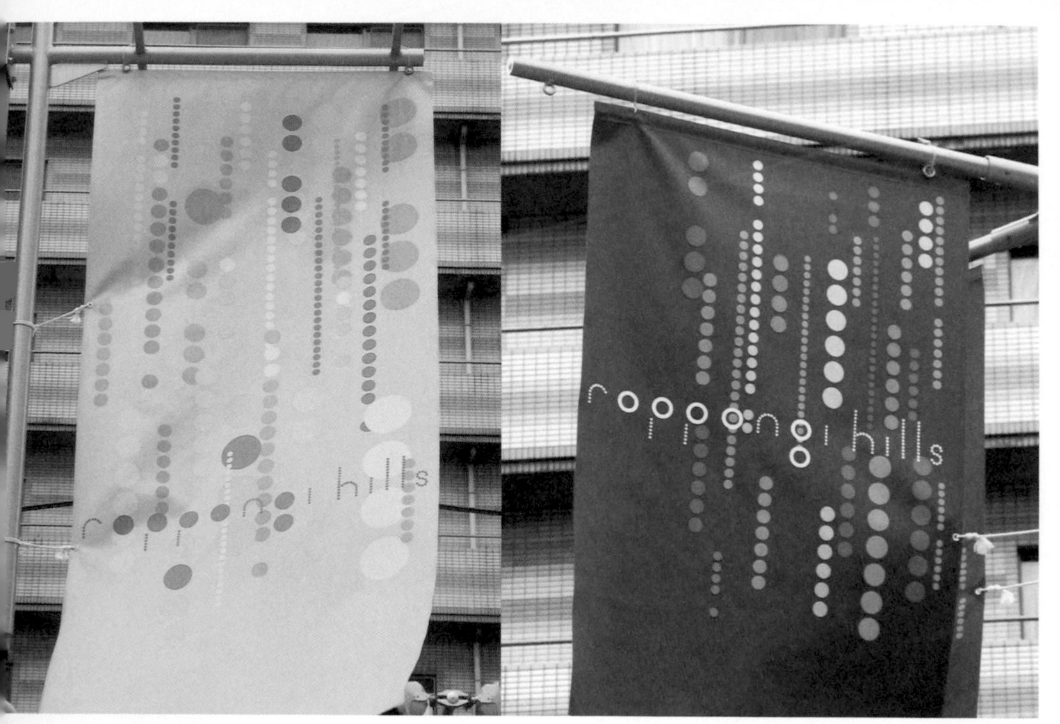
hills
roppongi hills

roppongi hills
roppongi hills
roppongi hills
roppongi hills
roppongi hills

Diversas aplicaciones del logotipo de Roppongi Hills, entre las que se incluyen muestras de grafismo ambiental, como murales y banderolas.

Otra de las aplicaciones de la Priori fue el diseño de Barnbrook para el álbum *Heathen* [2002] de David Bowie. El diseño de la carátula del disco juega con el significado antirreligioso del título (*heathen*: 'impío', 'pagano').

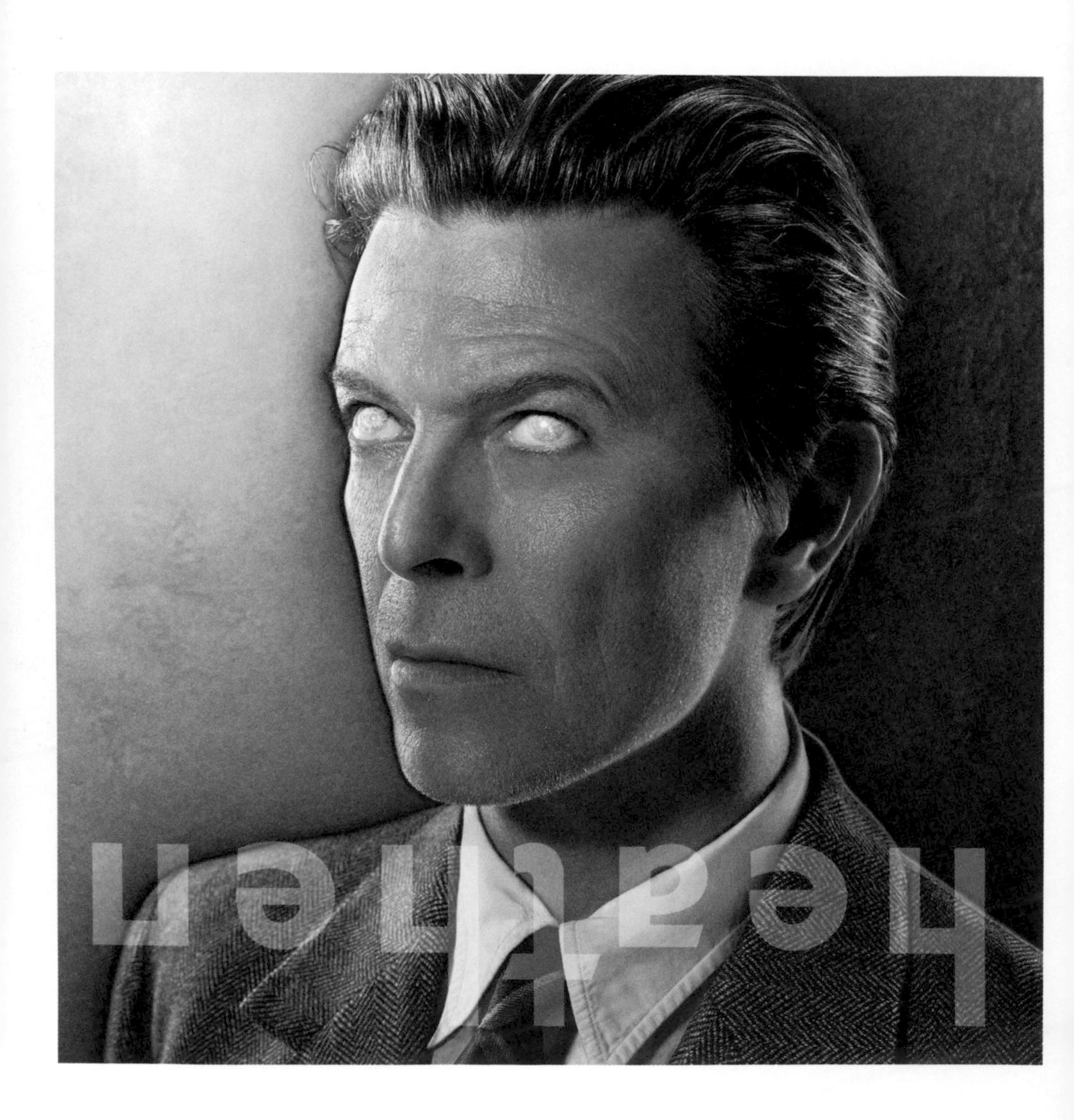

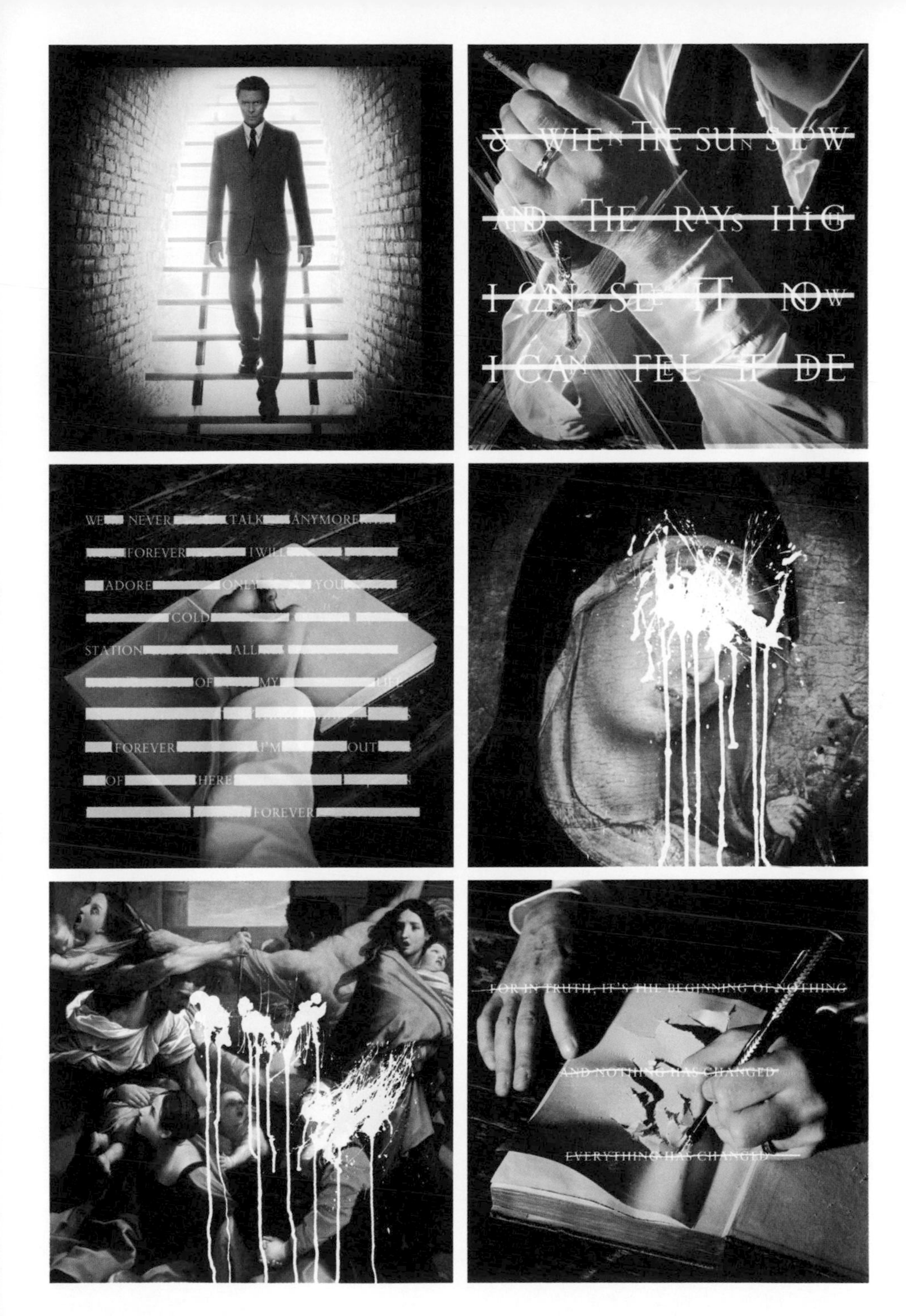
WE NEVER TALK ANYMORE
FOREVER I WILL
ADORE ONLY YOU
COLD
STATION ALL
OF MY
FOREVER I'M OUT
OF HERE
FOREVER
FOR IN TRUTH, IT'S THE BEGINNING OF NOTHING
AND NOTHING HAS CHANGED
EVERYTHING HAS CHANGED

Selección de trabajos

Diseño:
Jonathan Barnbrook

Bastard, 1990

Los tipos de estilo gótico han sido decisivos en el desarrollo de la tipografía durante sus 500 años de historia. La Bastard es una fuente gótica diseñada con perspectiva contemporánea. Las formas históricas se han reinterpretado usando una serie de partes modulares y adoptando una nueva estética, adecuada a la tecnología contemporánea usada para crearla. Su nombre remite en parte al fundamento histórico del tipo —es una versión "bastarda" de las letras góticas— y, además, ya existió en el siglo XV o XVI un tipo gótico llamado Bastarda. Como "bastarda" se llamaba también, en composición, a cualquier letra intercalada de otra familia que se colaba en un texto. También se optó por este nombre para recalcar y cuestionar la asociación general de las fuentes góticas (que seguían usándose en Alemania mucho después de que se hubiesen abandonado en el resto del mundo) con el nazismo y el fascismo en general.

Bastard

a b c d e f g h i j k l m

n o p q r s t u v w x y z

Mason, 1992

La Mason es uno de los diseños de Barnbrook de más amplio uso y uno de los más copiados. Empresas como la BBC o Disney lo usan para conferir un aire eclesiástico a sus diseños. Entre sus fuentes de inspiración se encuentran los alfabetos cirílicos de la Rusia del siglo XIX, la arquitectura griega y las biblias renacentistas. El nombre original del tipo, Manson, clara referencia al famoso asesino en serie Charles Manson, se escogió para expresar extremos —amor y odio, fealdad y belleza— y para darle un sesgo más contemporáneo que arcaico. Aunque "Manson" suena elegante y remite a palabras como "mansión", también se asocia a violencia extrema y maldad. Por ese motivo, el nombre generó controversia y la distribuidora de la fuente, Emigre, lo cambió enseguida por el de Mason, más neutral.

A B C D E F G H I J K L M N   A B C D E F G H I J K L M N

THIS IS

MA[N]SON

O P Q R S T U V W X Y Z   O P Q R S T U V W X Y Z

MASON

PLAIN

A B C D E F G H I J K L
M N O P Q R S T U V W
X Y Z

PLAIN ALTERNATE

A B C D E F G H I J K L
M N O P Q R S T U V W
X Y Z

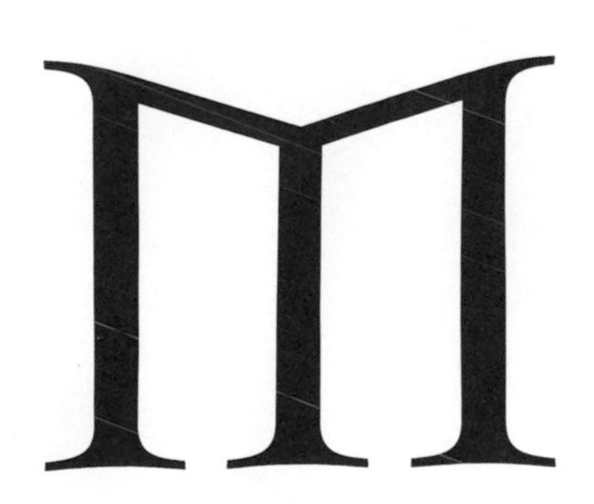

A SECRET SIGN

TO A

MASON

Prozac, 1992

La Prozac fue un experimento de creación de un alfabeto universal formado por el mínimo número posible de formas: el tipo entero consta únicamente de seis formas, que se voltean o se giran para formar las letras. El nombre hace referencia al medicamento Prozac y plantea la cuestión de si las letras que usamos afectan al significado de las palabras, o de si unos caracteres simplificados derivan en una comunicación simplificada. La forma de los caracteres remite también a la forma de las píldoras y las cápsulas de los medicamentos.

Drone, 1997

La Drone juega con la idea de unas proporciones pobres y se inspira en textos encontrados en el interior de iglesias católicas de Filipinas y manuscritos con un punzón o con pincel. Las formas de los caracteres también recuerdan a rotulaciones inglesas de los siglos XVI y XVII. El nombre ('salmodia' o 'zumbido monótono') evoca dogmas sin significado y alude a los textos interminables y aburridos que suelen componer las agencias de publicidad y de diseño.

THIS IS DRONE

NO 666

FOR TEXT WITHOUT CONTENT

NO 90210

TYPEFACES BASED ON PRIMITIVE HISPANIC CATHOLIC LETTERING

Olympukes, 2004

La Olympukes (*olimpycs* ['olimpiada'] + *puke* ['vomitar']) nace de la frustración que para Barnbrook suponía que los pictogramas diseñados para las últimas ediciones de los Juegos Olímpicos no reflejasen lo que él consideraba que constituía la verdadera naturaleza del acontecimiento. Esta serie de pictogramas "reales", un proyecto de iniciativa propia publicado con motivo de la Olimpiada de Atenas, eran una suerte de ingeniosa crítica del encargo de diseño más preciado y retratan la complejidad, las contradicciones y los trapicheos de los Juegos modernos.

DROWNING IN ADVERTISING

PROFESSIONAL MILLIONAIRE SPORTS PERSON TRYING TO WIN GOLD

UNFAIR TECHNOLOGICAL ADVANCE

OLYMPUKES

LIGHT

DARK

Índice alfabético

Los números en cursiva remiten a pies de foto.

ABH (*Anything But Helvetica*) 24
Adbusters 72
Adobe Systems 58
AIGA Detroit 10, *13*
Akzidenz Grotesk, tipo 83
álbumes *13*, *19*, 72, *98*
alfabetos 34, 37, *89*
Allion, Marcus Leis 72-81, 83-86, 88
Apple LaserWriter 58
Apple Macintosh 62
arcilla, tablillas de 34
Arts and Crafts 51
autoedición 58

Barnbrook Bible, The *75*
Barnbrook, Jonathan
Priori, tipo 70-99
selección de trabajos 100-107
Baskerville, John 43, *43*
Baskerville, tipo 43, 62
Bastard, tipo 72, 81, 101, *101*
Bauer, fundición tipográfica *52*
Bauhaus 52, 75
Bayer, Herbert 75
BBC *54*, 102
Beardsley, Aubrey: *The Yellow Book* 51, *51*
Bell Centennial, tipo 77
Bell Gothic, tipo *10*, 76
Bell Telephone Company 10, *10*, 76
Bestiario de Aberdeen *40*
bitmap, fuentes 61, 62
Bitstream 61, 64
bloques de madera 38
[illegible]odoni, Giambattista 43, *43*
[illegible]wie, David 72, 79, *98*
[illegible]sh Rail *54*
[illegible], Neville *58*, 61

[illegible], letras en 6, 15, *45*,
[illegible] letras en 15, *34*, 37,
[illegible] *34*, 37

carolingia, caligrafía *34*, 37
carteles 45, *45*, *49*, *54*, *58*
Carter, Matthew 10, *10*, 61, 64, 65, 76, 79
Caslon, tipo 43
Caslon, William 43
Caxton, William 43
Centennial, tipo 10, *10*
Charles de Gaulle, aeropuerto internacional *17*
Chaucer, tipo gótico 51, *51*
cincelado en piedra *32*, 34, 73-74
cirílica, escritura 77, *90*, 102
clasicismo 43
clientes 87-88
Columna Trajana, Roma *37*, 83
Comic Sans, tipo 24, *24*
composición 28-31
Connare, Vincent *24*
contexto 17
contraste 15, 31
cursiva, caligrafía 34, 40, 43
cursivas 6, 15, 40

Deck, Barry *58*, *61*, 82
Dell *6*
Design Bridge *66*
Deutsche Bundespost 63
Didot, Firmin 43
diseño gráfico 52
Drone, tipo 105

Ecofont, tipo 69
Egenolff-Berner, espécimen *40*
Emigre, fundición digital *58*, 61, 62, 102
Emigre, revista *58*
escritura 32, *32*, 34-37
espaciado 15, 65, 77
espacio blanco 31, 40
esteticismo 51, *51*
Exocet, tipo 72, 80

Fabriano, Italia 38
Face, The 61
FHWA, serie de tipos *17*
Foster, Andrew *69*
Frere-Jones, Tobias:
Interstate *17*
Frutiger, Adrian *17*, 52
Frutiger, tipo *17*
fundición mecánica 49, *49*, 52
fundiciones tipográficas 49, *58*, 72
fundiciones tipográficas digitales *58*, 61
Fuse *58*
Futura, tipo 52, *52*, 75, 76

galerín 49
Gap 23, 24-25
Garamond, Claude 40, 43
Garamond, tipo *40*
Georgia, tipo 61, 64, *64*
Gill Sans, tipo 52, *54*, 81
Gill, Eric 52, *54*, 73
Glaser, Milton 31
Glasgow UK City of Architecture and Design *73*, 89
gótica, caligrafía 32, 37, 38
góticos, tipos 81, 101
Griffo, Francesco 40, *40*
grotesca, tipo de palo seco 45
grunge, estética 61
Gutenberg, Biblia de 38-39, 45
Gutenberg, Johannes 38, *39*, 61

Haas, fundición tipográfica 23, 83
Heathen (álbum) 79, *98*
Helvetica 23, *23*, 24, 52, 63, 82, 83
Highway Gothic, tipo *17*
Hirst, Damien 72
Hoffmann, Eduard 23
humanística, caligrafía 43, *54*
Hustwit, Gary 23, 24

iluminadas, letras 37, *40*
industrialización 44-49, 51
Intel *6*

Jenson, Nicolas 40
jeroglíficos 34
Johnston, Edward 52, *54*
Johnston, tipo 81

Kells, Libro de *32*
Kelmscott Chaucer *51*
Kerbel, Janice: *The Human Firefly* 45
Kindersley, David 73
Kitching, Alan:
Homage to Hendrix 66
Rainforest AFLOR 66

legibilidad 14-17, 25, 82, 83, 84
lenguaje 6, 75, 85
Lester, Sebastian:
Arse *24*
September *6*
libros, tipos para 77-78
Licko, Zuzana *58*, 61, 62, *62*, 82
ligaduras 28, *28*, *90*
linotipia 39, 49, *49*
listines telefónicos *10*, 76-77
litografía 49
London and North Eastern Railway (LNER) *54*
Lo-Res, familia de tipos 61, *62*
Lufthansa 23

Manson, Charles 102
manuscritos *34*, 38
máquina matricera automática 49
Marber, Romek *28*, 31
Mason, tipo 72, 73, 80, 84, 85, 102-103
mayúsculas, caligrafía en *32*, 37, *45*, 49
Mergenthaler Vocational Technical High School *45*
Mergenthaler, Ottmar 49, *49*
metro de Londres 52, *54*, *57*, 81-82
Metropolitan Transportation Authority *23*
Microsoft *24*, 61, 64, 65
Miedinger, Max 23, 83
minúsculas, letras *34*, 37, 40, *45*, 49
monotipia 49
Monotype Corporation *54*
Mori Arts Center, Tokio 72, *79*
Morison, Stanley 15, *15*
Morris, William *51*, *51*, 52
movimiento moderno 28, 50-57, 82, 83
Mrs Eaves, fuente 62

National Health Service (NHS) *17*
negritas 6
Neue Haas Grotesk, tipo 23, 83
New Johnston, tipo 52, 54, *57*
New York Times, The *6*

Olimpiada 106
Olympukes, tipo 106-7
Orange 23

palo seco, tipos de 15, *17*, 23, *23*, 31, 45, 52, *52*, 61, *69*
pantalla, tipos para 61, 64, 65
papel, fabricación de 38
Patterson, Simon *57*
Penguin *28*, 31, *54*
pergamino 37
Perpetua, tipo 52
peso 15, *76*
pictogramas 34, 106
pies de foto 31
posmodernidad 28, 81
PostScript 58
Priori, tipo 70-99
producción en serie 39, 52
Prototype, tipo 75
Prozac, tipo 72, 104
psicodélica, rotulación *31*
PT55, tipo *63*

Reed, Lou *13*
remates, tipos con 15, 31, *32*, 34, 43, 45, 52, 64, 74
Renacimiento 37, 40
Renner, Paul 52, *52*, 76
retículas *28*, 31, 86
revolución digital 58-69
Revolución Industrial 45
romanos, tipos 15, 40, 43, *43*
Roppongi Hills 79, *94*, *97*

Saatchi Gallery 72
Sagmeister, Stefan 10, *13*
Sanders, Timothy Greenfield *13*
Sayers, Dorothy L.: *Busman's Honeymoon* *28*
Schierlitz, Tom *13*
Schopper, Hartman: *El fabricante de matrices de tipos* *4*
semiunciales 37
señales de tráfico 15, 17, *17*
Set the Twilight Reeling (álbum) *13*
Shafran, Nigel *19*
Spiekermann, Erik 63
Spranq *69*
Spud AF, tipo *69*
Standard Medium, tipo *23*
Stanhope, prensa 45
Sunday Times, The *6*

tamaño de tipo y legibilidad 15
Tappin Gofton *19*
Template Gothic, tipo *58*, *61*, 82
Times New Roman, tipo 15, *15*, 24
Times, The 15, *15*, 45, 49
tipografía para titulares 31
tipos móviles 38, *45*
tono de voz 20-27, 78, 80
trampas de tinta *10*, 76-77

unciales 37
Univers, tipo 52

VanderLans, Rudy *58*
Verdana, tipo 61, 65, *65*
Vignelli, Massimo 28
VirusFonts 72

Washington Post and Times-Herald *45*
Whittlesea Straw Bear, festival *19*
Windows 64
Wynkyn de Worde 43

x, altura de la 15, 23, *23*,
xilografía 45, 51

Young Knives *19*

Glosario

altura de la *x* Altura de la letra *x* minúscula (así como de otras letras) de un tipo compuesto en un tamaño concreto, medida tradicionalmente en puntos. Es un rasgo tipográfico característico muy importante.

caligrafía cursiva Tipo de escritura en la que las letras se enlazan unas con otras.

caligrafía libraria Estilo caligráfico formal que se empleaba en los manuscritos antes de la invención de la imprenta en Occidente en el siglo XV.

cirílico Alfabeto usado por muchos pueblos eslavos, como el ruso.

composición mecánica Técnica de composición en la que se utiliza una aleación metálica para fundir los tipos.

composición tipográfica Composición de tipos, como la que se lleva a cabo, por ejemplo, para el texto de la página de un libro.

cursiva Forma inclinada de un tipo, desarrollada a partir de la caligrafía cursiva. Compárese con *redonda*.

fuente En sentido estricto, designa el surtido de letras, signos y blancos de un solo tamaño y de un diseño concreto con que se compone [illegible] texto. Por influencia del [illegible]mino inglés *font*, 'fuente' se [illegible]lea en ocasiones como [illegible]imo de "tipo", pero este [illegible] incorrecto.

[illegible]aligrafía ornamentada [illegible]lizó ampliamente en Europa occidental a finales de la época medieval. El término se usa también para designar a los tipos basados en esta caligrafía.

grotesca Tipo de palo seco desarrollado en el siglo XIX para titulares y rotulación.

humanismo Corriente de pensamiento renacentista que retomaba las enseñanzas del período clásico grecorromano.

kerning En composición tipográfica, ajuste del espaciado entre pares de caracteres.

legibilidad Cualidad del diseño tipográfico que permite distinguir clara y fácilmente un carácter del resto. Es especialmente importante en caracteres como la letra *i* o el número *1*, que se prestan a fácil confusión en textos corridos.

ligadura En tipografía, un carácter o letra compuesto por dos o más letras, por ejemplo: *æ*.

minúscula Letra pequeña o en caja baja que suele tener trazos ascendentes (como el asta de la *h*) y descendentes (como la cola de la *y*).

movimiento moderno Corriente de principios del siglo XX que rechazaba la tradición y el ornamento y buscaba establecer el funcionalismo en el arte, el diseño y la arquitectura.

palo seco Tipo sin remates. Se utilizan normalmente para titulares y rotulación. En el nombre del tipo, suele indicarse como "sans serif" o, simplemente, "sans" (por ejemplo: Gill Sans, Comic Sans).

posmodernismo Movimiento del diseño y la arquitectura de finales del siglo XX que rechazaba la rigidez y austeridad del movimiento moderno y adoptó un eclecticismo y una libertad nuevos.

punto Unidad de medida de menor tamaño en tipografía. En la tipografía informática actual, un punto equivale a 0,35 mm.

redonda Forma "vertical" de un tipo. Compárese con *cursiva*.

remates Pequeños terminales que presentan algunos tipos en los extremos de sus trazos.

retícula Estructura empleada por los diseñadores para obtener una maquetación homogénea en un libro o una serie de publicaciones.

tipo Diseño visual que suele incluir un alfabeto completo junto a las cifras, los signos de puntuación y otros símbolos.

tipo para pantalla Tipo diseñado específicamente para su reproducción en una pantalla o monitor.

tipografía Arte y oficio de diseñar, disponer y componer tipos.

uncial Letra redondeada que se usaba en los manuscritos medievales y que constituye el origen de las actuales mayúsculas.

Créditos de las imágenes

La editorial desea expresar su agradecimiento a los siguientes fotógrafos y agencias por su autorización para reproducir las siguientes fotografías:

2 colección privada/The Bridgeman Art Library; 7 Seb Lester; 8 abajo Bob Rowan/Progressive Image/Corbis; 8 arriba Bojan Brecelj/Corbis; 9 abajo Andy Hernandez/Sygma/Corbis; 9 arriba Andy Rain/epa/Corbis; 10 Matthew Carter; 11 www.nicksherman.com; 12 fotografía: Tom Schierlitz/Stefan Sagmeister; 13 fotografía: Timothy Greenfield Sanders/Stefan Sagmeister; 14 The Times; 3 de octubre de 1932/ nisyndication.com; 16 abajo Ted Harris/Just Greece Photo Library/Alamy; 16 arriba Layne Kennedy/ Corbis; 17 JW Alker/ Imagebroker/Alamy; 18-19 diseño y dirección de arte: Tappin Gofton/fotografía: Nigel Shafran; 22 abajo, derecha Mint Photography/ Alamy; 22 abajo, izquierda Diamond Images/Getty Images; 22 arriba, izquierda St Bride Printing Library/ fotografía: Heloise Acher; 22 arriba, derecha Simon Loxley; 23 Rob Wilkinson/Alamy; 26-27 Seb Lester; 29 extraídas de Penguin by Design, de Phil Baines 2005 ©Penguin Books Ltd; 30 colección privada/ Peter Newark Pictures/The Bridgeman Art Library; 32 ©The Board of Trinity College, Dublín (Irlanda)/The Bridgeman Art Library; 33 Jacqui Hurst; 35 Bibliotheque Municipale, Boulogne-sur-Mer (Francia)/ Lauros/Giraudon/ The Bridgeman Art Library; 36 V&A Images/Victoria & Albert Museum; 37 Geoffrey Morgan/Alamy; 39 Universitatsbibliothek de Gotinga (Alemania)/Bildarchiv Steffens/The Bridgeman Art Library; 40 folio 101v del Bestiario de Aberdeen/Aberdeen University Library MS 24; 41 colección privada; 42 Museo Bodoniano; 43 The British Library; 44 Janice Kerbel/cortesía de greengrassi (Londres); 45 derecha Al Fenn/Time Life Pictures/Getty Images; 45 izquierda Hank Walker/Time Life Pictures/Getty Images; 46-47 Jacqui Hurst; 48, 50 y 51 colección privada/The Bridgeman Art Library; 53 St Bride Printing Library/fotografía: Heloise Acher; 54 London Transport Museum Collection; 55 St Bride Printing Library/fotografía: Heloise Acher; 56-57 "The Great Bear" 1992 (litografía sobre papel, litografía a 4 tintas en marco de aluminio y vidrio, tirada de 50 ejemplares, 109,2 × 134,6 cm) fotografía: Stephen White/cortesía de Haunch of Venison ©Simon Patterson y Transport for London; 58 Neville Brody; 59-60 y 62 Emigre; 63 Erik Spiekermann; 64-65 Matthew Carter; 66-67 Alan Kitching; 68 Andrew Foster; 69 Ecofont BV (Holanda); 71 diseño: Barnbrook/fotografía: Markus Klinko & Indrani; 89-96 Barnbrook; 97 Mori Building Co. Ltd; 98-99 diseño: Barnbrook/fotografía: Markus Klinko & Indrani; 101-107 Barnbrook

Se han hecho todos los esfuerzos posibles por contactar con los poseedores de los derechos de las imágenes. Nos disculpamos de antemano por cualquier omisión involuntaria y estaremos encantados de incluir la acreditación pertinente en posteriores ediciones.

Título original
How to design a typeface
Publicado originalmente por Conran Octopus Ltd. un sello de Octopus Publishing Group, Londres, en asociación con The Design Museum

Texto: Elizabeth Wilhide
Dirección de arte: Jonathan Christie
Diseño: Untitled
Documentación fotográfica: Anne-Marie Hoines

Traducción: Darío Giménez
Diseño de la cubierta: Toni Cabré/Editorial Gustavo Gili
Imagen de cubierta: Diseño de Seb Lester.

Segunda edición, 2016

Printed in China
ISBN: 978-84-252-2966-4

Editorial Gustavo Gili, SL
Via Laietana 47, 2º, 08003 Barcelona, España. Tel. (+34) 93 322 81 61
Valle de Bravo 21, 53050 Naucalpan, México. Tel. (+52) 55 55 60 60 11